Student Activities Manual

CUMBRE

Curso AP* de la lengua española

Lynn A. Sandstedt | Ralph Kite

HEINLE
CENGAGE Learning·

Australia • Brazil • Japan • Korea • Mexico • Singapore • Spain • United Kingdom • United States

HEINLE
CENGAGE Learning·

CUMBRE
Student Activities Manual
Sandstedt | Kite

© 2014 Heinle, Cengage Learning

For product information and technology assistance, contact us at
Cengage Learning Customer & Sales Support,
1-800-354-9706

For permission to use material from this text or product,
submit all requests online at **www.cengage.com/permissions**
Further permissions questions can be emailed to
permissionrequest@cengage.com

ISBN-13: 978-1-111-83812-6
ISBN-10: 1-111-83812-7

Heinle
20 Channel Center Street
Boston, MA 02210
USA

Cengage Learning is a leading provider of customized
learning solutions with office locations around the globe,
including Singapore, the United Kingdom, Australia,
Mexico, Brazil, and Japan. Locate your local office at:
www.cengage.com/global

Cengage Learning products are represented in Canada
by Nelson Education, Ltd. Cengage Learning products are
represented in high schools by Holt McDougal, a division
of Houghton Mifflin Harcourt.

For your course and learning solutions, visit
academic.cengage.com.

Printed in the United States of America
1 2 3 4 5 6 7 17 16 15 14 13

*AP and Advanced Placement Program are registered trademarks of the College Entrance Examination Board, which was
not involved in the production of, and does not endorse, this product.

Índice

UNIDAD 1

Orígenes de la cultura hispánica: Europa

Actividades de gramática

A. Sustantivos y artículos

1. Completa esta narrativa breve con la forma correcta del artículo definido.

Carlos se pone **1.** _____ ropa y hace **2.** _____ maletas. Está listo para salir para **3.** _____ bella e histórica ciudad de Segovia. Él ha estudiado mucho sobre **4.** _____ historia de España. **5.** _____ viernes quiere visitar todos **6.** _____ museos que recomienda **7.** _____ guía que se ha comprado. También piensa conocer **8.** _____ famoso acueducto, el cual fue construido por **9.** _____ romanos hace unos dos mil años. Carlos está seguro que **10.** _____ monumentos de Segovia lo deslumbrarán.

2. Ahora completa este párrafo con la forma correcta del artículo indefinido.

Sara es **1.** _____ estudiante universitaria que está escribiendo **2.** _____ tesis sobre *San Manuel Bueno, mártir*. Esta novela fue escrita por Miguel de Unamuno, **3.** _____ gran escritor y filósofo español. Se trata de Manuel Bueno, **4.** _____ cura que finge **5.** _____ fe que no tiene y por lo tanto, su vida es **6.** _____ contradicción. Este conflicto existencial — **7.** _____ drama interior— es **8.** _____ tema preferido de Unamuno.

3. Haz una lista de seis cosas que relaciones con España. Incluye el artículo apropiado.

Modelo *la paella*

1. _____   **4.** _____

2. _____   **5.** _____

3. _____   **6.** _____

B. El presente del indicativo

1. Completa cada oración con la forma correcta del tiempo presente del verbo entre paréntesis.

1. Los estudiantes (hablar) _____ de la importancia de los idiomas extranjeros.

2. En esta clase yo nunca (traducir) _____ al inglés.

3. Yo no le (caer) _____ mal a nadie en la clase.

4. ¿A qué hora (empezar) _____ tú a hacer la tarea?

5. ¿(Pensar) _____ tú ir a España durante las vacaciones?

6. Por lo general la gente española (almorzar) _____ a eso de las dos.

7. Mis padres (volver) _____ mañana de su viaje a Europa.

8. (Haber) _____ una exposición de fotografías que quiero ver.

9. José (sentir) _____ la presencia de algo extraño en el cuarto.

10. Elena y Ramón (pedir) _____ información acerca de la influencia extranjera en el español.

11. Este restaurante (servir) _____ mis platos predilectos.

12. Sus hermanos (jugar) _____ al tenis todos los días.

13. Las flores en el jardín (oler) _____ bien.

14. Yo (conocer) _____ bien a la hija del alcalde.

15. Mi primo (recibir) _____ mucho dinero de su abuelo.

16. Yo siempre (corregir) _____ los errores antes de entregar la composición.

17. El papel no (caber) _____ en este cuaderno.

18. Yo no (saber) _____ mucho de los visigodos.

19. Nosotros (salir) _____ mañana para España.

20. A veces yo me (distraer) _____ en la clase de español.

21. ¿Cuándo (ir) _____ Uds. al centro?

22. Los estudiantes (oír) _____ las campanas de la catedral.

23. Yo (tener) _____ que salir temprano para no llegar tarde.

24. Tú (ser) _____ el estudiante más inteligente de la clase.

25. Su amigo (venir) _____ muchas veces a nuestra casa.

2. Un estudiante de España te entrevista porque está escribiendo un artículo para el periódico de su colegio. Contesta sus preguntas con oraciones completas.

1. ¿De qué origen es tu familia?

_____

2. ¿Qué idiomas hablan ustedes en casa?

_____

3. ¿Tienes más costumbres occidentales que orientales?

_____

4. ¿Vives en una comunidad diversa?

_____

5. ¿Conoces a un inmigrante? (¿Quién(es)?)

_____

6. ¿Cómo contribuyen los inmigrantes a tu comunidad?

_____

C. Adjetivos

1. Vuelve a escribir las oraciones, incorporando el adjetivo entre paréntesis. Usa la forma y la colocación apropiadas.

> **Modelo**   Ella es una famosa pianista. (francés)
> *Ella es una famosa pianista francesa.*

1. Durante ocho siglos, Granada fue una ciudad musulmana. (grande [*great*])

_____

2. La Alhambra es un palacio. (antiguo)

_____

3. Constituye la máxima expresión del arte. (árabe)

_____

4. Desde sus torres hay vistas de la sierra y la ciudad. (espléndido)

_____

5. También son notables los complejos diseños. (geométrico)

_____

6. El visitante siempre se impresiona mucho. (medio)

_____

7. Queda impresionado por el ambiente de las salas. (íntimo, seductor)

_____

8. El Patio de los Leones es un ejemplo de la elegante decoración. (bueno)

_____

9. Las columnas sostienen bóvedas. (esbelto)

_____

10. Un amigo que conozco hace años visitó Granada. (viejo)

_____

2. Eres miembro(a) del comité de orientación de tu escuela. Descríbeles los aspectos siguientes a los nuevos estudiantes.

> **Modelo**   la escuela:
> *La escuela no es muy grande pero es muy buena.*

1. los profesores:

_____

_____

2. las clases:

_____

_____

3. los exámenes:

_____

_____

4. las tareas:

_____

_____

5. la cafetería:

_____

_____

6. los deportes:

_____

_____

7. la ciudad en que está situada la escuela:

_____

_____

8. las actividades predilectas de los estudiantes:

_____

_____

Actividades creativas

A. ¡Perdido!

Se perdieron tu perro, tu gato u otra mascota. Escribe una descripción detallada del animal para publicarlo en el periódico de tu comunidad.

_____

_____

_____

_____

_____

B. En la clase

Mira bien este dibujo de una clase más o menos típica. Describe detalladamente lo que se puede ver y lo que pasa en la clase.

_____

_____

_____

_____

_____

_____

_____

_____

C. Composición

La cultura española ha sido marcada por diversos pueblos, entre ellos, los romanos y los árabes. La cultura estadounidense también ha sido influenciada por muchos grupos de inmigrantes. Piensa en un grupo étnico y cómo es evidente su influencia en la cultura de los Estados Unidos (por ejemplo, en la arquitectura, la música, la comida, la moda, etcétera). Escribe un párrafo de cinco o seis oraciones sobre este tema. Fíjate en la concordancia entre sustantivos y adjetivos y en las formas verbales del tiempo presente del indicativo.

_____

_____

_____

_____

_____

_____

_____

_____

_____

_____

_____

_____

_____

Preparación para el examen

A. Listening Tip #1

Listen for the main idea.

Why is this important?

The main idea tells you what the narrative is about. It is the most important piece of information the narrator wants you to know.

Here's how to do it:

1. Pay close attention to the first statement because many times the main idea is stated at the beginning.
2. Listen for words that are repeated; these usually point to the main idea.
3. State the main idea in your own words. Then, when you come across a main idea question (Ex. **¿De qué trata? ¿Cuál es el tema/la idea/el comentario? ¿Qué dice? ¿Cuál es el mejor título?**) you will already know the answer.

Example

You hear: Para los hispanos, el apellido es un gran orgullo. El hispano utiliza principalmente el apellido paterno, aunque en muchos países, como Colombia y España, es muy común ver que la gente usa dos apellidos, el paterno y el materno. Sea cual sea el caso, la importancia del apellido radica en que representa la tradición familiar y, en muchos casos, el reconocimiento de la sociedad. Por ello se ve con más frecuencia que se divulgue un apellido y no que se oculte.

You pay close attention to the first statement: Para los hispanos, el apellido es un gran orgullo.

You listen for words that are repeated: hispano, apellido

You state the main idea in your own words: El apellido es muy importante en la cultura hispana.

Your turn!

You hear: Todas las lenguas del mundo tienen algunas palabras extranjeras. Usamos muchas palabras españolas en inglés como, por ejemplo, *canyon* and *patio*. Además en inglés existen muchas palabras que vienen del latín y por eso son muy parecidas a las palabras españolas. Por otro lado, en el español moderno se usan muchas palabras que vienen del inglés. Esto se ve claramente en el vocabulario de los deportes, como por ejemplo, béisbol, fútbol y tenis.

You pay close attention to the first statement: _____

_____

You listen for words that are repeated: _____

You state the main idea in your own words: _____

_____

B. Reading Tip #1

Don't skim. Always read every word of every passage and of every question.

Why is this important?

In order to answer reading comprehension questions correctly, you need to read the passage thoroughly and you need to understand what each question is asking. If you read too fast, you might miss important details or key words.

Here's how to do it:

1. Read every word of the passage including any footnotes and captions. If you want, underline key words but don't underline too much.
2. If you come across an unfamiliar word, use context to guess its meaning. Don't get stuck in one particular word, though. Keep reading at a steady pace.
3. Read the questions very carefully. Pay extra attention to words that are capitalized such as EXCEPTO and NO.

Example

You read every word: Cuando murió en 1660, a los sesenta y un años, el rey escribió que se sentía abrumado por la pérdida de tan fiel vasallo y amigo.

You guess the meaning of any unfamiliar words: "abrumado" probably means sad since one generally feels sad when a good friend dies.

You continue reading even if you don't understand a particular word: vasallo

You read the question carefully and pay attention to any capitalized word: ¿Cómo se sintió el rey Felipe IV cuando murió Velázquez?

Your turn!

You read every word: Aunque Velázquez recibió muchos favores reales durante su vida, nunca se envaneció por eso. El testimonio de sus contemporáneos confirma que era un amigo leal, buen padre de familia y un hombre noble, orgulloso, generoso y que sabía gozar de la vida.

You guess the meaning of any unfamiliar words: _____

_____

You continue reading even if you don't understand a particular word: _____

You read the question carefully and pay attention to any capitalized word: Según el narrador, ¿cuál de estas características NO describen a Velázquez?

C. Writing Tip #1

Complete all the instructions in the prompt.

Why is this important?

You will be penalized if your written message is incomplete or doesn't cover all the parts of the task.

Here's how to do it:

1. As you read the instructions, underline the words that tell you what to do. The most common ones include these:

   saludar   **explicar**   **sugerir**
   describir   **pedir información**   **despedirse**

2. Next to each bulleted point, write an expression or word used to fulfill the function of greeting, explaining, reacting, recommending, etc.

Example

Read the instructions and underline the words that tell you what to do: Escríbele un mensaje electrónico a tu mejor amigo. Imagínate que estás de vacaciones en España con tu familia. En el mensaje, debes:

- saludar a tu amigo
- describir tus vacaciones
- mencionar los planes que tienes
- despedirte de él

Next to each bulleted point, write an appropriate expression or word:

- saludar: Hola, ¿cómo te va?
- describir tus vacaciones: divertidas, mucho calor
- mencionar los planes que tienes: Pienso ir a la playa.
- despedirte de él: Nos vemos la próxima semana, Saludos de . . .

Your turn!

Read the instructions and underline the words that tell you what to do: Escríbele un mensaje electrónico a una amiga que estudia en otra escuela. Imagínate que acabas de terminar tu primera semana de clase. En el mensaje debes

- saludar a tu amiga _____

- expresar lo que piensas acerca de las nuevas clases _____

- describir en breve una de tus clases _____

- despedirte de tu amiga _____

Next to each bulleted point, write an appropriate expression or word.

D. Speaking Tip #1

Speak clearly and loudly.

Why is this important?

The evaluator will not understand what you're saying if you mumble. You need to make sure to enunciate every word.

Here's how to do it:

1. Sit up straight.
2. Speak slowly.
3. Open your mouth as you articulate.
4. Practice reading a passage in Spanish out loud. If you can, record yourself.

Example

 CD1, TRACK 2

Your turn!

Talk about your pastimes for 20 seconds. Speak clearly and loudly.

Examen de práctica

Part A: Listening

Vas a escuchar una selección. Después vas a escuchar una serie de preguntas sobre la selección. Para cada pregunta elige la mejor respuesta de las cuatro opciones escritas.

CD1, TRACK 3

1.
   a. El vocabulario de los deportes es internacional.
   b. El español tiene influencia árabe.
   c. *Canyon* y *patio* son palabras del español moderno.
   d. Todas las lenguas tienen palabras prestadas de otras lenguas.

2.
   a. Porque en inglés hay palabras de origen latín.
   b. Porque los ingleses estaban en contacto con los árabes.
   c. Porque los españoles inventaron muchos de los deportes modernos.
   d. No se usan palabras españolas en el inglés moderno.

3.
   a. En el vocabulario de la arquitectura
   b. En el vocabulario de los deportes
   c. En el vocabulario de los vaqueros
   d. En el vocabulario de las artes culinarias

4.
   a. Palabras extranjeras tomadas del francés
   b. Palabras que tienen influencia árabe
   c. Palabras españolas que usamos en el inglés
   d. Palabras en el español moderno que vienen del inglés

Part B: Reading

Lee el pasaje a continuación con cuidado y contesta las preguntas que siguen. Para cada pregunta elige la mejor respuesta de las cuatro opciones.

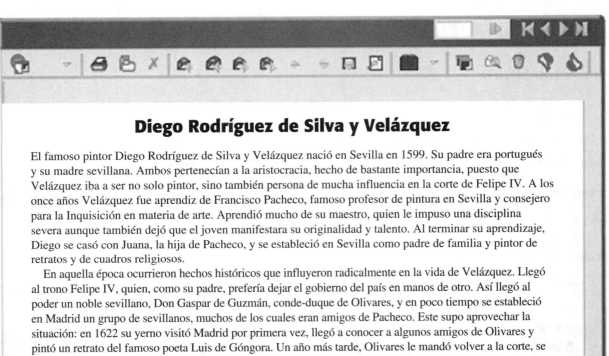

Diego Rodríguez de Silva y Velázquez

El famoso pintor Diego Rodríguez de Silva y Velázquez nació en Sevilla en 1599. Su padre era portugués y su madre sevillana. Ambos pertenecían a la aristocracia, hecho de bastante importancia, puesto que Velázquez iba a ser no solo pintor, sino también persona de mucha influencia en la corte de Felipe IV. A los once años Velázquez fue aprendiz de Francisco Pacheco, famoso profesor de pintura en Sevilla y consejero para la Inquisición en materia de arte. Aprendió mucho de su maestro, quien le impuso una disciplina severa aunque también dejó que el joven manifestara su originalidad y talento. Al terminar su aprendizaje, Diego se casó con Juana, la hija de Pacheco, y se estableció en Sevilla como padre de familia y pintor de retratos y de cuadros religiosos.

En aquella época ocurrieron hechos históricos que influyeron radicalmente en la vida de Velázquez. Llegó al trono Felipe IV, quien, como su padre, prefería dejar el gobierno del país en manos de otro. Así llegó al poder un noble sevillano, Don Gaspar de Guzmán, conde-duque de Olivares, y en poco tiempo se estableció en Madrid un grupo de sevillanos, muchos de los cuales eran amigos de Pacheco. Este supo aprovechar la situación: en 1622 su yerno visitó Madrid por primera vez, llegó a conocer a algunos amigos de Olivares y pintó un retrato del famoso poeta Luis de Góngora. Un año más tarde, Olivares le mandó volver a la corte, se lo presentó al rey y le hizo pintar un retrato del soberano. De ahí en adelante, durante más de treinta y un años, Velázquez gozó de la protección y de la amistad del rey, quien no solo lo empleó como pintor, sino también como diplomático, y le confirió grandes honores. Aunque Velázquez recibió muchos favores reales durante su vida, nunca se envaneció por eso. El testimonio de sus contemporáneos confirma que era un amigo leal, buen padre de familia y un hombre noble, orgulloso, generoso y que sabía gozar de la vida. Cuando murió en 1660, a los sesenta y un años, el rey escribió que se sentía abrumado por la pérdida de tan fiel vasallo y amigo.

5. ¿De qué trata el pasaje?
   a. De la corte de Felipe IV
   b. Del arte durante la Inquisición
   c. De la vida de un famoso pintor español
   d. De la relación entre un soberano y un artista

6. ¿Cómo describirías la relación entre Velázquez y Francisco Pacheco?
   a. Tempestuosa
   b. Estrecha
   c. Lejana
   d. Solamente profesional

7. Según el narrador, ¿cuál de estas características NO describen a Velázquez?
   a. Fiel
   b. Alegre
   c. Vanidoso
   d. Bondadoso

8. Si fueras a una exposición de arte de Diego Velázquez, ¿qué tipo de pinturas verías?
   a. Retratos de la familia real
   b. Cuadros abstractos
   c. Paisajes surrealistas
   d. Figuras geométricas

9. ¿Cómo se sintió el rey Felipe IV cuando murió Velázquez?
   a. Aliviado
   b. Indiferente
   c. Animado
   d. Angustiado

Part C: Writing

Lee el tema de la escritura interpersonal. Tu respuesta escrita debe tener un mínimo de 60 palabras.

10. Escríbele un mensaje electrónico a una amiga que estudia en otra escuela. Imagínate que acabas de terminar tu primera semana de clase. En el mensajes debes:

   • saludar a tu amiga

   • expresar lo que piensas acerca de las nuevas clases

   • describir en breve una de tus clases

   • despedirte de tu amiga

_____

_____

_____

_____

_____

_____

_____

_____

_____

_____

_____

_____

Part D: Speaking

Vas a participar en una conversación simulada. Primero, lee la situación y el esquema de la conversación. Después, empieza la grabación. Participa en la conversación según el esquema. Una señal indicará cuándo debes empezar y terminar de hablar. Tendrás 20 segundos para grabar cada una de tus respuestas.

11. Vas a participar en un programa de verano para estudiantes de secundaria en un campus universitario. Acabas de solicitar una habitación en la residencia estudiantil. En la siguiente conversación, el director de la residencia te hace una serie de preguntas para buscarte un(a) compañero(a) de cuarto que sea compatible. Contesta sus preguntas.

 CD1, TRACK 4

DIRECTOR:	• Te saluda.
TÚ:	• Saluda.
	• Preséntate.
DIRECTOR:	• Te hace la primera pregunta.
TÚ:	• Responde.
DIRECTOR:	• Te hace otra pregunta.
TÚ:	• Responde.
DIRECTOR:	• Continúa la entrevista.
TÚ:	• Responde.
DIRECTOR:	• Continúa la entrevista.
TÚ:	• Responde.
DIRECTOR:	• Continúa la entrevista.
TÚ:	• Responde.
DIRECTOR:	• Finaliza la entrevista.
TÚ:	• Dale las gracias.
	• Despídete.

UNIDAD 2

Orígenes de la cultura hispánica: América

Actividades de gramática

A. El imperfecto

1. Completa las oraciones con la forma del imperfecto de los verbos entre paréntesis.

1. Los estudiantes de arqueología (ir) _____ a Copán con frecuencia.

2. Copán (ser) _____ un centro de astronomía muy importante.

3. Los mayas (estudiar) _____ el movimiento de los astros.

4. ¿Qué (ver) _____ tú desde el Observatorio de pájaros?

5. El arqueólogo principal siempre (silbar) _____ mientras excavaba.

6. Mi familia y yo (soñar) _____ con visitar Honduras.

7. ¿Te acuerdas cuando el profesor (comentar) _____ sobre las influencias indígenas?

8. Su hermano y yo (ser) _____ alumnos en la misma clase de español.

9. Nosotros (ir) _____ todos los días al parque para jugar.

10. Día tras día ellos no (entender) _____ nada de la lección.

2. Piensa en tu mejor amigo(a) cuando tenías diez años. Luego contesta las preguntas sobre él (ella).

1. ¿Cómo se llamaba tu mejor amigo(a)? ¿De dónde era?

_____

_____

2. ¿Dónde vivía? ¿Conocías bien a su familia?

_____

_____

3. ¿Con qué frecuencia se veían? ¿A qué jugaban ustedes?

_____

_____

4. ¿Veían televisión o películas juntos(as)? ¿Cuál era su personaje favorito?

_____

_____

5. ¿Siempre se llevaban bien o a veces peleaban? ¿Sobre qué discutían?

_____

_____

B. El pretérito

1. Completa las oraciones con la forma correcta del pretérito de los verbos entre paréntesis.

    1. Mis amigos (salir) _____ anoche a las nueve.

    2. Yo (querer) _____ ir con ellos pero no pude.

    3. Yo (trabajar) _____ hasta la diez de la noche.

    4. Felipe y yo (poner) _____ la radio para distraernos.

    5. Samantha no (decir) _____ adónde fueron.

    6. Sé que ellos (conducir) _____ hasta el otro lado de la ciudad.

    7. ¿Qué (saber) _____ tú de aquella noche?

    8. Mis padres no (oír) _____ el ruido de la calle.

    9. Ustedes (estar) _____ de regreso a las dos de la madrugada.

    10. Víctor (dormir) _____ durante todo el día.

    11. Yo (buscar) _____ a Tomás por todas partes.

    12. Mi hermana no (leer) _____ la nota que Tomás dejó.

2. Escribe diez oraciones para contar lo que hiciste el sábado pasado. Di a qué hora hiciste cada actividad. Puedes usar los verbos de la lista u otros.

    Modelo   *Me desperté a las ocho de la mañana.*

acostarse	dormirse	irse	practicar
almorzar	escribir	jugar	ver
despertarse	hacer	oír	vestirse

    1. _____

    2. _____

    3. _____

    4. _____

    5. _____

6. _____

7. _____

8. _____

9. _____

10. _____

C. Los usos del imperfecto y el pretérito

1. Vuelve a escribir la narrativa siguiente en el tiempo pasado. Hay que cambiar los verbos enumerados al pretérito o al imperfecto, según el contexto.

Roberto (1) tiene catorce años. (2) Es un buen chico, pero no le (3) gusta levantarse temprano todos los días para ir a la escuela.

El lunes Roberto (4) duerme hasta muy tarde. (5) Son las siete y media, y él (6) tiene clase a las ocho. Su madre lo (7) llama dos veces y al fin él (8) se levanta, (9) se baña, (10) se viste y (11) va al comedor para desayunarse. Él (12) come y (13) sale de prisa de la casa.

(14) Es un día hermoso. El sol (15) brilla y los pájaros (16) cantan. Roberto (17) anda rápidamente cuando (18) se encuentra con su amigo José. José (19) es un chico perezoso y no (20) quiere ir a clase. (21) Quiere ir al parque para pasar el día, pero Roberto (22) le dice que él no (23) puede porque (24) tiene que presentar un examen en la clase de historia. (25) Dice también que el señor González, su profesor, (26) es muy estricto y que no (27) quiere que lo castiguen por no asistir a la clase. Los dos (28) se despiden y Roberto (29) se va a clase. José (30) se queda en la esquina esperando el autobús para ir al parque.

_____

_____

_____

_____

_____

_____

_____

_____

_____

_____

_____

_____

_____

_____

2. Escribe seis cosas que tú y personas que conoces hicieron o no hicieron el fin de semana pasado y explica por qué. Puedes usar las sugerencias a continuación o inventar otras.

Modelo   Yo *no salí con mis amigos porque tenía mucha tarea.*

Actividades:	**Razones:**
ir al cine, a un concierto, etc.	tener mucha tarea
jugar al fútbol, al tenis, etc.	querer descansar
dar un paseo	estar cansado(a), enfermo(a), etc.
mirar la televisión	hacer buen tiempo, mal tiempo, etc.
trabajar	tener ganas de ver una película, etc.
salir con unos amigos	llover, nevar, etc.
quedarse en casa	no tener tiempo
¿?	¿?

1. _____

2. _____

3. _____

4. _____

5. _____

6. _____

3. Todos los veranos, las personas siguientes siempre hacían lo mismo, pero este último verano hicieron algo distinto. Indica este cambio de rutina. ¡Usa la imaginación!

Modelo   Yo: *Todos los veranos yo iba a la playa con mi familia, pero el verano pasado fui a Nicaragua con un grupo de voluntarios.*

1. mis padres: _____

   _____

2. mis amigos: _____

   _____

3. el profesor: _____

   _____

4. tú: _____

   _____

5. mi amigo y yo: _____

   _____

6. el presidente: _____

   _____

D. Los verbos y pronombres reflexivos

1. Selecciona el verbo correcto.

1. (Acuesto / Me acuesto) a mi hermano a las diez y (acuesto / me acuesto) a las once.

2. Antes de (bañar / bañarse), ella (decidió / se decidió) echarse una siestecita.

3. La señora (despidió / se despidió) de su esposo y luego (despidió / se despidió) a la empleada sin razón alguna.

4. Nosotras (fijamos / nos fijamos) en que ella (parece / se parece) mucho a su abuela.

5. (Parece / Se parece) que cuando él era joven, (negaba / se negaba) ducharse.

6. Pablo (quitó / se quitó) el abrigo y (quitó / se quitó) los libros de la mesa.

2. Piensa en una persona famosa. Luego contesta las preguntas como si fueras esa persona.

1. ¿Cuándo te diste cuenta que eras famoso(a)?

_____

2. ¿De qué te arrepientes?

_____

3. ¿De qué te jactas?

_____

4. ¿De qué te quejas?

_____

5. ¿Te atreverías saltar de un avión en paracaídas?

_____

Actividades creativas

A. Un cuento original

Escribe un cuento breve, siguiendo las pautas. Usa el imperfecto y el pretérito y algunos verbos reflexivos.

- Título _____

_____

- ¿Qué hora era? _____

_____

- ¿Qué hacía el protagonista? _____

_____

- ¿Qué interrumpió la acción? _____

_____

- ¿Cómo era? _____
  _____

- ¿Qué hizo después? _____
  _____

- ¿Cómo se sintió al final? _____
  _____

B. Un viaje a Sudamérica

Imagínate que vas a viajar a Sudamérica. Escribe una anotación en tu diario para describir tu viaje. Incluye las respuestas a estas preguntas:

Preguntas: 1. ¿Por qué quieres viajar a Sudamérica? 2. ¿Cuándo y con quién vas a ir? 3. ¿Qué países vas a visitar? 4. ¿Cómo se llaman las capitales de estos países? 5. ¿Qué ropa vas a llevar? 6. ¿Qué clase de recuerdos vas a comprar durante tu viaje?

_____
_____
_____
_____
_____
_____
_____
_____
_____
_____
_____
_____
_____
_____
_____
_____
_____

© Cengage Learning

C. Una experiencia inolvidable

Todo el mundo ha tenido por lo menos una experiencia inolvidable en su vida. Describe un suceso de tu vida imposible de olvidar. En tu narración, debes incluir información sobre:

- lo que te pasó
- cuándo te pasó
- dónde te pasó
- y si ¿fue una experiencia mala o buena? y ¿por qué?

_____

_____

_____

_____

_____

_____

_____

_____

_____

_____

_____

Preparación para el examen

A. Listening Tip #2

Use a 5W chart to take notes.

Why is this important?

Note-taking will help you remember what you listen to. And a graphic organizer such as a 5W chart will help you listen for specific details and write them in an organized fashion.

Here's how to do it:

1. Before the audio starts, make a quick chart with two columns and 5 rows. In the first column, write Who? Where? When? What? Why?

2. As you listen to the dialogue, write very short answers to each W question. Limit yourself to single words or brief phrases.

3. Use your chart to help you answer the listening comprehension questions.

Example

You make a 5W chart:

Who?	
Where?	
When?	
What?	
Why?	

As you listen, you write short answers to each W question.

Who (are the speakers)?	Ramón, Elena, Profesor
Where (are they)?	clase
When (is it)?	hoy
What (do they talk about)?	influencias indígenas, préstamos, influencia del francés
Why (they talk about it)?	Ramón no estudió, quiere distraer al profesor

Use the chart to answer the reading comprehension questions:
¿Sobre qué tema es la pregunta de Ramón?

   a. Los verbos reflexivos
   b. Las influencias extranjeras sobre el español
   c. Los comestibles de América
   d. Los anglicismos

Your turn!

Make a 5W chart.

As you listen to the following audio, take notes.

 CD 1 TRACK 5

Use your chart to answer the questions in **Examen de práctica.**

B. Reading Tip #2

Ask yourself why the author wrote the article. Was it to entertain, to inform, or to persuade?

Why is this important?

By knowing the author's purpose—the reason he or she wrote the passage—you'll be able to answer questions about the passage's main idea and about the author's intentions, attitude, and point of view.

Here's how to do it:

  1. Identify the type of writing.
    a. Fiction (short stories, plays, poetry) is usually written to entertain or to convey a feeling.
    b. Expository text (news articles, biographies, documentaries) is usually written to inform, explain, or clarify.
    c. Persuasive pieces (editorials, commercials, speeches) are usually written to persuade, convey a particular point of view, or have the audience take a specific action.

  2. If you're not sure if the type of writing is expository or persuasive, answer these questions:

    —Does the author present two sides or perspectives?
    —Is the author appealing to the reader's feelings or values?
    —Are there people that would disagree with some of the author's statements?

    If you answer "yes" then the author's purpose is probably to persuade. If the author presents a single perspective in a neutral tone in order to teach or explain something, then the author's purpose is probably to inform.

Example

El famoso pintor Diego Rodríguez de Silva y Velázquez nació en Sevilla en 1599. Su padre era portugués y su madre sevillana. Ambos pertenecían a la aristocracia, hecho de bastante importancia, puesto que Velázquez iba a ser no solo pintor, sino también persona de mucha influencia en la corte de Felipe IV. A los once años Velázquez fue aprendiz de Francisco Pacheco, famoso profesor de pintura en Sevilla y consejero para la Inquisición en materia de arte. Aprendió mucho de su maestro, quien le impuso una disciplina severa, aunque también dejó que el joven manifestara su originalidad y talento. Al terminar su aprendizaje, Diego se casó con Juana, la hija de Pacheco, y se estableció en Sevilla como padre de familia y pintor de retratos y de cuadros religiosos.

You identify the type of writing: It's a biography (because it's about a painter's life). That means it's an expository text and the author's purpose is to inform.

You double-check by answering the 3 questions: No, the author doesn't present two sides, he doesn't appeal to the reader's feelings, and no one would disagree with the statements because they're factual. It's not persuasive writing; the author's purpose is to inform.

Your turn!

… En 1529 se produjo una epidemia de sarampión que recorrió el continente; en 1545 apareció el tifus o ¿influenza?; en 1558, la gripe; en 1563, la viruela; en 1576, el tifus; y en 1588 y 1595 de nuevo apareció la viruela.

Todas estas epidemias provocaron la peor catástrofe poblacional de que se tenga memoria en América: La población indígena descendió de 65 millones a 5 millones, entre los años que corren de 1550 a 1700…

You identify the type of writing: _____

You answer the three questions:

   Does the author present two sides or perspectives? _____

   Is the author appealing to the reader's feelings or values? _____

   Are there people that would disagree with some of the author's statements? _____

What's the author's purpose? _____

C. Writing Tip #2

Use proper register.

Why is this important?

Register refers to the level of formality. By using proper register in your writing, you demonstrate your knowledge of social and linguistic conventions in Spanish.

Here's how to do it:

1. Read the instructions and identify the audience (i.e. who you're writing to).
   a. If it's a friend, family member or your diary, use informal register.
   b. If it's an adult in authority (teacher, director, boss) or a general audience, use formal register.

2. Use pronouns that match the register.
   a. Use **tú** for informal register and **usted** for formal register.
   b. Use **te** for informal register and **lo/la/le** for formal register.

3. In a letter, use an appropriate salutation and closing.
   a. In an informal letter, use the salutation **Querido/Querida/Queridos** and a familiar closing such as **Cariños**.
   b. In a formal letter, use the salution **Estimado/Estimada/Estimados** and a formal closing such as **Atentamente**.

Example

Escríbele una carta a tu amigo mexicano. Imagínate que va a venir a visitarte.

You read the instructions and identify the audience: a friend, so the register should be informal

You use pronouns that match the register: tú, te

You use an appropriate salutation and closing: Querido Carlos, Cariños,

Your turn!

Escríbele una tarjeta postal a tu profesor(a) de español. Imagínate que acabas de visitar unas ruinas precolombinas en México.

You read the instructions and identify the audience: _____

You use pronouns that match the register: _____

You use an appropriate salutation and closing: _____

Speaking Tip #2

In preparation for the oral presentation, use a double bubble map to take notes.

Why is this important?

In many of the oral presentations, you'll be asked to compare and contrast two subjects. The double bubble map is an excellent graphic organizer that allows you to jot down both similarities and differences.

Here's how to do it:

1. In the instructions, identify the two subjects that you need to compare and contrast and write each one inside a circle. Make sure you leave enough space between the two circles.

2. As you read the written source, jot down important details around the circle. Encircle each detail and draw a line to the first circle.

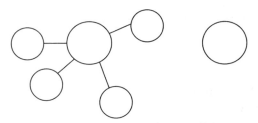

3. As you listen to the audio source, jot down important details around the corresponding circle. Show the shared characteristics by drawing a line from the encircled detail to both circles. Shade these shared bubbles.

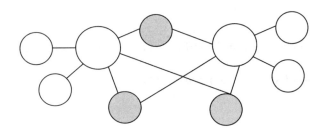

Example

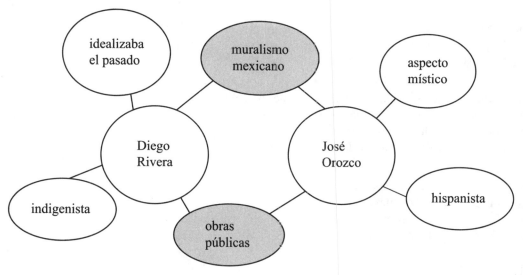

Your turn!

Read the instructions, identify the two subjects that you need to compare and contrast, and write each one inside a circle: En una presentación oral, compara y contrasta las celebraciones del año nuevo maya con las del Inti Raymi.

In the **Examen de práctica,** *as you read and listen to the sources, jot down important details around the circles. Draw lines between the circles to show shared characteristics.*

 Examen de práctica

Part A: Listening

Vas a escuchar una selección. Después vas a escuchar una serie de preguntas sobre la selección. Para cada pregunta elige la mejor respuesta de las cuatro opciones escritas.

🔊 CD 1 TRACK 5

1.
   a. En la Universidad de Chicago
   b. En una excavación arqueológica maya en Guatemala
   c. En una excavación arqueológica en Madrid
   d. En un aeropuerto de Taxco, México

2.
   a. Porque Raúl invitó a David y a Teresa a su casa para pasar unos días.
   b. Porque están trabajando en una excavación arqueológica.
   c. Porque el avión tuvo que hacer un aterrizaje de emergencia.
   d. Porque los tres asisten a la universidad de Taxco.

3.

    a. Se aburrió.

    b. Estaba tranquila.

    c. Estaba muy emocionada.

    d. Se asustó.

4.

    a. Porque le interesan mucho las civilizaciones precolombinas.

    b. Porque se enamoró del arqueólogo de la excavación.

    c. Porque quiere hablar con los mayas de hoy día.

    d. Porque no tiene miedo de volar en el Caribe.

5.

    a. Los huracanes son frecuentes.

    b. Hay poblaciones de mayas.

    c. No se permite excavar.

    d. Hay muchos turistas españoles.

Part B: Reading

Lee el pasaje a continuación con cuidado y contesta las preguntas que siguen. Para cada pregunta elige la mejor respuesta de las cuatro opciones.

60 millones, los indígenas muertos tras la conquista

Mucho se ha dicho de la audacia de Hernán Cortés y de sus capitanes para derrotar a un ejército indígena que los superaba numéricamente. Sin descartar estos elementos subjetivos, hay dos factores que se deben considerar como decisivos: las diferencias en cuanto al empleo del hierro y del caballo, y su aplicación en movimientos tácticos militares… esto por un lado y, por otro, un elemento decisivo lo constituyó la aparición de nuevas enfermedades en América…

En ese tiempo comenzó a darse un fenómeno extraño para la población nativa: La peste se extendió por la ciudad, la cual fue bautizada como hueyzáhuatl o hueycocoliztli, y todo parece indicar que fue una epidemia de viruela, enfermedad totalmente desconocida en estas tierras.

…La enfermedad se extendió muy rápidamente al resto de Mesoamérica: se sabe que llegó a Guatemala, pasó a otros países de Centroamérica, y hasta el sur del continente americano.

Se dio el caso de que fue conocida en el Perú antes que los mismos españoles llegaran. Los incas tenían una forma de llamarla que hacía ver su perplejidad ante el fenómeno: «los granos de los dioses»…

…En 1529 se produjo una epidemia de sarampión que recorrió el continente; en 1545 apareció el tifus o «influenza»; en 1558, la gripe; en 1563, la viruela; en 1576, el tifus; y en 1588 y 1595 de nuevo apareció la viruela.

Todas estas epidemias provocaron la peor catástrofe poblacional de que se tenga memoria en América: La población indígena descendió de 65 millones a 5 millones, entre los años que corren de 1550 a 1700…

Las cifras en cuanto a número de habitantes en América siguen siendo un campo de polémica. Los historiadores hispanistas aseguran que la población indígena era de a millones en el tiempo en que ocurrió el descubrimiento… De otra parte, la corriente indigenista,… da la cifra de entre 90 a 112 millones. No obstante, nuevas ponderaciones hacen suponer en el presente que en América existían unos 80 millones de habitantes hacia 1492. Sus grandes centros poblacionales eran el imperio inca, con cerca de 30 millones, y el mexica con unos 20.

Pues bien, hacia 1700, siglo y medio después, este total se había reducido de manera dramática a cinco millones; lo que representa la desaparición de 60 millones de indígenas, unos 400 mil cada año…

Ricardo Pacheco Colín: *La Crónica de Hoy*, México

crédito: «60.000 millones de indígenas muertos tras la conquista», La Crónica de Hoy

6. ¿Cuál NO fue un factor decisivo en la victoria de Hernán Cortés?
   a. El tamaño del ejército
   b. El uso del hierro
   c. El caballo
   d. La introducción de nuevas enfermedades

7. ¿A qué llamaban los indígenas «hueycocoliztli»?
   a. A los bautizos
   b. A «los granos de los dioses»
   c. A una epidemia de viruela
   d. Al caballo que introdujeron los españoles

8. ¿Cuál de estas oraciones es falsa?
   a. La viruela se había extendido en el Perú antes que llegaran los españoles.
   b. En 1529 hubo una epidemia de sarampión.
   c. En 1492 había unos 80 millones de habitantes en el imperio inca.
   d. Entre 1550 y 1700 murieron alrededor de 60 millones de indígenas.

9. Se puede decir que el autor...
   a. es un historiador hispanista.
   b. admira la audacia de Hernán Cortés.
   b. piensa que la catástrofe poblacional de América se debe a las batallas militares.
   d. culpa las epidemias por la desaparición de 60 millones de indígenas.

10. El tono del autor es...
    a. condescendiente.
    b. formal.
    c. sarcástico.
    d. íntimo.

Part C: Writing

Lee el tema de la escritura interpersonal. Tu respuesta escrita debe tener un mínimo de 60 palabras.

11. Escríbele una tarjeta postal a tu profesor(a) de español. Imagínate que acabas de visitar unas ruinas precolombinas en México. En la tarjeta postal debes

    • saludar a tu profesor(a)
    • describir las ruinas que acabas de visitar
    • resumir los eventos más importantes de la visita
    • despedirte

    _____

    _____

    _____

    _____

    _____

    _____

    _____

    _____

    _____

    _____

    _____

Part D: Speaking

Vas a dar una presentación oral. Primero, debes leer el siguiente artículo. Luego, vas a escuchar la selección auditiva. Toma apuntes mientras escuchas. Vas a tener dos minutos para preparar tu presentación oral y dos minutos para grabarla.

12. En una presentación oral, compara y contrasta las celebraciones del año nuevo maya y las de Inti Raymi.

Fuente No. 1

Inician en Guatemala celebraciones por el año nuevo maya

Las diferentes organizaciones maya que hacen vida en Guatemala iniciarán este martes las primeras celebraciones por el año nuevo de esa civilización, número 5 mil 127, ciclo regido por el cargador Kab'lajuj E, es decir por los cuatro puntos cardinales.

Los festejos se efectuarán en el sitio arqueológico Kaminal Juyú, ubicado en la capital de Guatemala.

Durante los rituales, las organizaciones mayas le dan la bienvenida al año y piden buenas energías para los guatemaltecos.

El año regido por el cargador Kab'lajuj E, está representado por el pájaro tordo, interpretado en la civilización maya como el protector de los viajeros y guías comunales.

Al primer día del año maya lo antecede un ciclo conocido como el Wayeb, que es el «período de 5 días de cierre del calendario Solar».

De acuerdo con el sitio Web Mayaconic, de la Coordinadora Nacional Indígena y Campesina (CONIC), se trata de «cinco días de reflexión, de espera, de guardar, de formación, de evaluación y de preparación», para los próximos 18 Winal (meses) de 20 días, que completan el lapso de 365 días.

Los cinco días son utilizados por los creyentes para reflexionar y purificar el espíritu y solicitar perdón por los actos ejecutados que no estuvieron apegados a la conciencia colectiva.

Sacerdotes mayas recomiendan encender una vela y pedirle perdón al creador del Universo, por todo el mal causado y las cosas buenas que se dejaron de hacer.

«Eso es un acto importantísimo, especialmente para los jóvenes, si quieren ser prósperos», dijo Daniel Xoxom Ajché, sacerdote maya.

El período que inicia este martes está regido por el Nahual E, «que simboliza el camino del destino, el guía, el que nos lleva a un punto objetivo y preciso, la búsqueda de la realización en todas las situaciones, aspectos y manifestaciones de la vida».

«Esto significa que debemos conducirnos por el camino de la espiritualidad», expresó el sacerdote maya, quien explicó que si las personas tienen fe estarán marcadas por situaciones positivas.

Estudios de la civilización maya indican que utilizaba al menos tres modelos calendáricos. «Por un lado el Tzolkin, sistema utilizado con fines rituales y de adivinación, (…) la Cuenta Larga que inició alrededor del año 3113 a.C. y finalmente el calendario civil o Haab».

El calendario civil o Haab es el que rige la celebración de este martes, pues está basado en «ceremonias comunitarias así como el trabajo de la tierra y los ciclos de cultivo. Este dura 365 días, con 18 meses de 20 días».

crédito: «Inician en Guatemala celebraciones por el año Nuevo Maya», TeleSUR, Venezuela.

Fuente No. 2

 CD 1 TRACK 6

«La fiesta del sol de los incas: Inti Raymi»

UNIDAD 3

La religión en el mundo hispánico

Actividades de gramática

A. El futuro

1. Cambia los verbos de las oraciones del pretérito al tiempo futuro.

> **Modelo** El domingo mis amigos y yo fuimos a las montañas.
> *El domingo mis amigos y yo iremos a las montañas.*

1. Nosotros hicimos el viaje en el coche de Tomás.

_____

2. El hermano de Roberto vino con nosotros también.

_____

3. Yo me puse las botas nuevas.

_____

4. ¿Pudiste sacar fotos con tu cámara nueva?

_____

5. Teresa y su hermana subieron hasta la cima.

_____

6. Mis amigos se divirtieron mucho.

_____

2. ¿Qué harán tú y tus amigos en el futuro? Haz predicciones sobre los siguientes individuos. Puedes usar los verbos de la lista u otros.

> **Modelo** *Mi mejor amigo Pablo será presidente de los Estados Unidos.*

| casarse | hacer | querer | trabajar |
| estar | poder | ser | vivir |

1. yo: _____

2. mi mejor amigo(a): _____

3. el (la) profesor(a) de español: _____

4. mi hermano(a)/primo(a): _____

5. mis amigos y yo: _____

B. El condicional

1. Completa las oraciones con la forma correcta del tiempo condicional de los verbos entre paréntesis.

1. Tobías dijo que Manuel (querer) _____ ir a misa con él.

2. Yo no sabía que Padre Eustacio (decir) _____ la santa misa.

3. Nos escribió que (poder) _____ bautizar a Anita.

4. Creía que el coro (cantar) _____ el Ave María.

5. Me prometió que (rezar) _____ por nuestra familia.

6. Le dije que la misa (durar) _____ una hora.

7. Pensaban que luchar por la religión no (valer) _____ la pena.

8. Leyeron en el periódico que los oficiales de la Iglesia (venir) _____ al pueblo.

2. ¿Qué harías si fueras cura en un país latinoamericano? Elige el verbo más adecuado entre paréntesis y escríbelo en el tiempo condicional.

Si fuera cura en un país latinoamericano, **1.** (valer/ayudar) _____ a los pobres. Además, les **2.** (llamar/ dar) _____ dinero para los hospitales y **3.** (mejorar/buscar) _____ la vida diaria de la gente. Sin lugar a dudas, yo no **4.** (apoyar/mostrar) _____ una dictadura militar. Sin embargo, yo **5.** (ponerse/involucrarse) _____ en la política y **6.** (favorecer/vender) _____ reformas sociales.

3. Imagínate que no sacaste buenas notas en tus clases. Di cinco cosas diferentes que harías para mejorarlas.

Modelo *Pasaría menos tiempo en YouTube™.*

1. _____

2. _____

3. _____

4. _____

5. _____

C. Los pronombres de objeto

1. Escribe cada oración otra vez, cambiando las palabras subrayadas *(underlined)* a pronombres de objeto indirecto y directo, y colocándolos en la posición correcta.

1. Tal vez le mostraría <u>las fotografías</u> <u>a tu hermana</u>.

_____

2. Nos prestaron <u>la novela</u> en vano.

_____

3. ¿Vas a contarme <u>los cuentos</u>?

_____

4. José le escribirá <u>una carta</u> <u>a su consejero</u>.

_____

5. Dijeron que le venderíamos <u>el barrilete</u> <u>al señor Gómez</u>.

_____

6. El cura les dio <u>la información</u> <u>a los fieles</u>.

_____

7. Queremos mandarle <u>este paquete</u> <u>a mi abuelo</u>.

_____

8. No debemos darles <u>esta información</u> <u>a los fieles</u>.

_____

2. Contesta las preguntas sobre arte religioso. En las respuestas usa pronombres de objeto directo o indirecto para reemplazar las palabras subrayadas (*underlined*).

1. ¿Conoces <u>las pinturas religiosas de El Greco</u>?

_____

2. ¿Leerías <u>un libro sobre el arte religioso</u>?

_____

3. ¿Deberían el estado o la Iglesia patrocinar <u>las artes</u>?

_____

4. ¿Cuál de tus profesores <u>te</u> podría explicar <u>el significado de una pintura religiosa</u>?

_____

5. ¿A quién <u>le</u> regalarías <u>una pintura deprimente</u>?

_____

D. *Gustar* y otros verbos parecidos

1. Primero, elige el verbo más adecuado que esté entre paréntesis. Luego, contesta la pregunta con una oración completa.

1. ¿Te (gustan / quedan) las ceremonias religiosas?

_____

2. ¿Les (hace falta / parece) a Uds. leer más?

_____

3. ¿Te (pasa / falta) a ti bastante dinero?

_____

4. ¿Nos (importan / quedan) solo cinco minutos?

_____

5. ¿Les (quedan / encantan) a Uds. las ciudades grandes?

_____

6. ¿Te (parecen / faltan) interesantes los artículos?

_____

7. ¿Te (encantó / pasó) a ti algo extraño ayer?

_____

8. ¿Te (gustaría / quedaría) hacer un viaje a México?

_____

2. Usa una forma del verbo **gustar, faltar, encantar, parecer** o **importar** para comentar sobre los siguientes temas.

> **Modelo**   el dinero
> *Me gusta el dinero.* –o– *No me importa el dinero.*

1. la religión		**5.** los videojuegos
2. la comida picante		**6.** Facebook
3. la política		**7.** leer en español
4. estudiar		**8.** viajar

1. _____

2. _____

3. _____

4. _____

5. _____

6. _____

7. _____

8. _____

E. Los verbos *ser* y *estar*

1. Completa las oraciones con la forma correcta de **ser** o **estar,** según convenga *(as needed).*

1. Ellos _____ en México, pero no _____ mexicanos.

2. El concierto _____ a las ocho, pero el auditorio _____ muy lejos.

3. Los chicos que _____ jugando en el patio _____ mis primos.

4. Hoy _____ miércoles y ahora yo _____ de vacaciones.

5. Los productos que _____ en aquella tienda _____ de Ecuador.

6. Estos jóvenes generalmente _____ muy felices, pero hoy _____ descontentos.

7. El museo que _____ cerca del parque _____ el Museo de Antropología.

8. Esta corbata _____ de Roberto. _____ de seda.

9. Nosotros _____ seguros de que la máquina _____ segura (*a safe one*).

10. En realidad ella _____ simpática, pero hoy _____ de mal humor.

11. Ellos _____ aburridos (*bored*) porque la clase _____ aburrida (*boring*).

12. La novela que _____ escrita por Cervantes _____ en la mesa.

13. Juan no _____ cocinero, pero este año _____ de cocinero en la cafetería.

14. _____ las once y todas las puertas _____ cerradas.

15. La sopa _____ rica (*tastes good*) pero no _____ muy caliente.

16. Generalmente él _____ alegre pero hoy _____ muy triste.

17. La conferencia _____ anoche a las ocho pero el profesor no _____ allí.

18. Tomás _____ un chico pálido, pero hoy no _____ enfermo.

2. Escribe una oración con el adjetivo dado. Usa **ser** o **estar** según el contexto.

    Modelo   listo
                Mi amiga Olivia es una persona muy lista. –o– No estamos listos para el examen.

  1. aburrido _____

  2. bueno _____

  3. enfermo _____

  4. triste _____

  5. guapo _____

  6. malo _____

  7. rico _____

  8. necio _____

Actividades creativas

A. Un nuevo día festivo

Al mes de agosto le hace falta un día festivo. ¡Inventa uno! Primero piensa en los detalles.

¿Cuándo será? _____

¿Cómo se llamará? _____

¿Cómo se celebrará? _____

Ahora tienes que convencer al Congreso para que apruebe tu propuesta del nuevo día festivo. Prepara las notas de tu discurso.

Estimados miembros de Congreso:

Hoy propongo un nuevo día festivo _____

Sin duda, a nosotros los ciudadanos nos hace falta _____

Además, a todos nos encanta _____

Este día festivo sería _____

Por último, el día festivo celebraría los valores de _____

Espero que aprueben mi propuesta. Muchas gracias por su tiempo y su atención.

B. En la plaza

Muchas veces la plaza mayor de un pueblo hispano sirve de centro social para la gente que vive allí. Estudia este dibujo de una plaza típica y después escribe un párrafo que describa la plaza. Incluye las respuestas a estas preguntas: ¿Qué hay en la plaza? ¿Cómo es la iglesia? ¿Cuántas personas hay? ¿Qué hacen?

© Cengage Learning

_____

_____

_____

_____

_____

_____

_____

_____

_____

_____

_____

C. Un editorial

Necesitas escribir un editorial para el periódico escolar. Decides escribir sobre la importancia de la religión en la sociedad. En tu editorial, incluye la siguiente información:

- el ser humano y su necesidad de practicar una religión
- ejemplos de la religión como fuerza positiva
- ejemplos de la religión como fuerza negativa
- tu opinión sobre el impacto positivo o negativo de la religión

_____

_____

_____

_____

_____

_____

_____

_____

_____

_____

_____

_____

_____

_____

_____

Preparación para el examen

A. Listening Tip #3

Determine who is speaking and what their relationship is.

Why is this important?

You will understand a dialogue better if you know who the characters are and how they are related. This relationship can also provide clues to why the conversation is taking place.

Here's how to do it:

1. If the speakers' names are mentioned, write them down. If not, determine if they are male or female.
2. Pay attention to the level of formality and determine if it's familiar or formal.
3. Listen for clue words such as **amiga, mi amor, mi'ja, papi, profe.** Determine if the words are used to address the other speaker or to refer to another character.
4. Use the linguistic cues to determine the relationship between the speakers.

Example

You hear:

[Él] Con permiso.

[Ella] ¿Adónde vas, hijo?

[Él] Voy a dormir la siesta. Me estoy muriendo de sueño.

[Ella] Pero, ¿no te gustaría ir a misa conmigo?

[Él] No, mamá, no quiero ir.

You identify the genders: one male and one female
You determine level of formality: familiar because the **tú** form is used (**vas, te gustaría**)
You listen for clue words: **hijo, mamá** (used to address each other)
You determine their relationship: mother and son

Your turn!

Listen to the following audio excerpt.

🔊 CD 1 Track 7

Write the speakers' names (or genders): _____

Determine level of formality: _____

Listen for clue words: _____

Determine their relationship: _____

B. Reading Tip #3

Determine the tone.

Why is this important?

A common question in the exam is to identify the tone of the reading passage. The tone is how the narrator feels toward the subject of the passage. It is the emotional essence of the passage.

Here's how to do it:

1. As you read, circle adjectives and words that evoke strong feelings.
2. Identify words with positive or negative connotations.
   a. Examples of positive words: **esbelto, criatura, cálido, bondadoso, siempre, adorar.**
   b. Examples of negative words: **escuálido, mocoso, sofocante, derrochador, nunca, odiar.**
3. After examining the author's word choices, define the tone or emotional essence. It can be absurd, pessimistic, ambivalent, cynical, intimate, mocking, nostalgic, ironic, sad, etc.

Example

You circle adjectives and words that evoke strong feeelings:

(Dichoso) el árbol, que es apenas (sensitivo,)

y más la piedra (dura,) porque esa ya no siente,

pues no hay (dolor) más grande que el dolor de ser vivo,

ni mayor (pesadumbre) que la vida consciente.

Ser, y no saber nada, y ser (sin rumbo) cierto

y el (temor) de haber sido, y un futuro (terror)...

Y el (espanto) seguro de estar mañana (muerto,)

y (sufrir) por la vida, y por la (sombra,) y por lo que no conocemos y apenas (sospechamos.)

You identify words with positive and negative connotations: There are many more words with negative connotation than positive ones: **dolor, pesadumbre, temor, terror, espanto, muerto, sufrir, sombra.** There are also a lot of negative words: **no, sin, nada.**

You define the tone: pessimistic or hopeless

Your turn!

Circle adjectives and words that evoke strong feeelings:

Ahora que el obispo de la diócesis de Renada, a la que pertenece ésta mi querida aldea de Valverde de Lucerna, anda, a lo que se dice, promoviendo el proceso para la beatificación de nuestro Don Manuel, o, mejor, san Manuel Bueno, que fue en esta párroco, quiero dejar aquí consignado, a modo de confesión y sólo Dios sabe, que no yo, con qué destino, todo lo que sé y recuerdo de aquel varón matriarcal que llenó toda la más entrañada vida de mi alma, que fue mi verdadero padre espiritual, el padre de mi espíritu, del mío, el de Ángela Carballino.

Identify words with positive and negative connotations: _____

_____

Define the tone: _____

C. Writing Tip #3

Keep verb tense consistent.

Why is this important?

To show command of the written language, you need to establish a primary tense and keep it consistent from sentence to sentence.

Here's how to do it:

1. Choose a verb tense according to the writing task.
   a. Use the present tense when writing about a factual topic, what happens in a book or movie, your ideas on a particular topic, or something that happens routinely.
   b. Use the preterite tense when writing about a specific event that happened in the past.
   c. Use the imperfect tense when writing about habitual actions in the past.
   d. Use the future tense to write about an event that will occur in the future.

2. Once you establish the primary tense, use it consistently. Do not switch from one tense to another if the time frame is the same for each action.

3. If you need to show a time change for an action, you can shift to the appropriate verb tense. Then, in your next sentence, use your primary tense.

Example

Escribe una anotación de diario. Imagínate que acabas de presenciar una ceremonia religiosa. En tu anotación, describe la ceremonia.

You choose the verb tense: The writing task asks to describe a specific event that happened in the past so you choose the preterite tense as the primary verb tense.

You use the tense consistently: Ayer asisití al Bar Mitzvá del hijo de nuestros vecinos, los señores Cohen. La ceremonia tuvo lugar en el Templo Sinai. Empezó a las diez de la mañana...

You occasionally shift to another verb tense to show a change in action: El joven recitó la Haftará, una sección del Torá que tiene relación con el texto bíblico ya leído.

Your turn!

Escribe una anotación de diario. Imagínate que esperas con anticipación tu día festivo favorito.

You choose the verb tense: _____

Use this primary tense consistently in your writing of the **Examen de práctica.**

D. Speaking Tip #3

While you read the conversation outline, jot down words and expressions you might use.

Why is this important?

You will be given time to read the outline of the simulated conversation. Use this time wisely by planning what you will say.

Here's how to do it:

1. Read the speaking task and decide if you will address the person formally (**usted** form) or informally (**tú** form).

2. Read the outline carefully. Next to each prompt, jot down idiomatic expressions you can use to address the various actions—**saluda, agradece, convence, cuenta, di, describe, despídete, explica, pide, rechaza, recomienda, saluda, sugiere.**

3. Determine the setting of the conversation and if time permits, jot down key vocabulary words you might use in that setting.

Example

You read the speaking task and decide if you will address the person formally or informally.

Imagínate que te encuentras con tu amiga Raquel en el centro comercial. *You decide to use the **tú** form.*

You read the outline carefully and jot down idiomatic expressions.

TÚ: • Salúdala. ***Hola, ¿qué tal?***

• Invítala a tomar un refresco contigo. ***¿Quieres tomar un refresco?***

You determine the setting and jot down key words: centro comercial: tienda, vitrina, ropa, café, comprar, probarse, gastar, pasear

Your turn!

You read the speaking task and decide if you will address the person formally or informally.

Imagínate que recibes una llamada telefónica de tu amigo Rafael. Él te llama para invitarte a la primera comunión de su hermanita. _____

You read the outline carefully and jot down idiomatic expressions.

TÚ: • Rechaza la invitación. _____

• Explica por qué no puedes asistir. _____

You determine the setting and jot down key words: _____

Examen de práctica

Part A: Listening

Vas a escuchar una selección. Después vas a escuchar una serie de preguntas sobre la selección. Para cada pregunta elige la mejor respuesta de las cuatro opciones escritas.

🔊 CD 1 TRACK 8

1.
- **a.** De Buenos Aires
- **b.** De su luna de miel
- **c.** De una cafetería
- **d.** De un concierto de música

2.
- **a.** Son hermanas.
- **b.** Son madre e hija.
- **c.** Son esposos.
- **d.** No son parientes.

3.
- **a.** Porque en el hotel no se celebra ninguna misa
- **b.** Porque los recién casados son como dos tortolitas
- **c.** Porque Maribel es una persona muy golosa
- **d.** Porque el esposo de Maribel no es religioso

4.
- **a.** Porque no le apetecen los dulces
- **b.** Porque le gusta la música
- **c.** Porque va regularmente a la iglesia
- **d.** Porque se lo prometió a su suegra

Part B: Reading

Lee el pasaje a continuación con cuidado y contesta las preguntas que siguen. Para cada pregunta elige la mejor respuesta de las cuatro opciones.

Ahora que el obispo de la diócesis de Renada, a la que pertenece esta mi querida aldea de Valverde de Lucerna, anda, a lo que se dice, promoviendo el proceso para la beatificación de nuestro Don Manuel, o, mejor, san Manuel Bueno, que fue en esta párroco, quiero dejar aquí consignado, a modo de confesión y sólo Dios sabe, que no yo, con qué destino, todo lo que sé y recuerdo de aquel varón matriarcal que llenó toda la más entrañada vida de mi alma, que fue mi verdadero padre espiritual, el padre de mi espíritu, del mío, el de Ángela Carballino.

Al otro, a mi padre carnal y temporal, apenas si le conocí, pues se me murió siendo yo muy niña. Sé que había llegado de forastero a nuestra Valverde de Lucerna, que aquí arraigó al casarse aquí con mi madre. Trajo consigo unos cuantos libros, el Quijote, obras de teatro clásico, algunas novelas, historias, el Bertoldo, todo revuelto, y de esos libros, los únicos casi que había en toda la aldea, devoré yo en sueños siendo niña. Mi buena madre apenas si me contaba hechos o dichos de mi padre. Los de Don Manuel, a quien, como todo el mundo, adoraba, de quien estaba enamorada —claro que castísimamente—, le habían borrado el recuerdo de los de su marido. A quien encomendaba a Dios, y fervorosamente, cada día al rezar el rosario.

De nuestro Don Manuel me acuerdo como si fuese de cosa de ayer, siendo yo niña, a mis diez años, antes de que me llevaran al Colegio de Religiosas de la ciudad catedralicia de Renada. Tendría él, nuestro santo, entonces unos treinta y siete años. Era alto, delgado, erguido, llevaba la cabeza como nuestra Peña del Buitre lleva su cresta y había en sus ojos toda la hondura azul de nuestro lago. Se llevaba las miradas de todos, y tras ellas, los corazones, y él al mirarnos parecía, traspasando la carne como un cristal, mirarnos al corazón. Todos le queríamos, pero sobre todo los niños. ¡Qué cosas nos decía! Eran cosas, no palabras. Empezaba el pueblo a olerle la santidad; se sentía lleno y embriagado de su aroma. Entonces fue cuando mi hermano Lázaro, que estaba en América, de donde nos mandaba regularmente dinero con que vivíamos en decorosa holgura, hizo que mi madre me mandase al Colegio de Religiosas, a que se completara fuera de la aldea mi educación, y esto aunque a él, a Lázaro, no le hiciesen mucha gracia las monjas. «Pero como ahí —nos escribía— no hay hasta ahora, que yo sepa, colegios laicos y progresivos, y menos para señoritas, hay que atenerse a lo que haya. Lo importante es que Angelita se pula y que no siga entre esas zafias aldeanas.» Y entré en el colegio, pensando en un principio hacerme en él maestra, pero luego se me atragantó la pedagogía.

San Manuel Bueno, mártir (fragmento)
Miguel de Unamuno

crédito: «San Manuel Bueno, mártir», by Unamuno.

5. ¿Quién es el narrador o la narradora?
   a. Don Manuel Bueno
   b. Ángela Carballino
   c. Miguel de Unamuno
   d. No se sabe.

6. ¿Cuál es el tono del narrador/la narradora?
   a. Confesional
   b. Burlón
   c. Distante
   d. Irónico

7. ¿Quién era Manuel Bueno?
   a. El padre biológico de Angélica
   b. El hermano mayor de Angélica
   c. El cura de Valverde de Lucerna
   d. El obispo de Renada

8. Cuando Don Manuel llegó al pueblo, ¿cómo llevaba la cabeza?
   a. La llevaba bien en alto.
   b. La llevaba baja con humildad.
   c. La llevaba hacia un lado en gesto burlón.
   d. La agachaba avergonzado.

9. ¿Qué sentimiento tenía el pueblo hacia Don Manuel?
   a. Rencor
   b. Adoración
   c. Apatía
   d. Envidia

10. ¿Por qué motivo fue Angélica al Colegio de Religiosas?
   a. Porque quería hacerse monja
   b. Porque quería escaparse de la aldea
   c. Porque Don Manuel la mandó allí
   d. Porque Lázaro lo quiso

Part C: Writing

Lee el tema de la escritura interpersonal. Tu respuesta escrita debe tener un mínimo de 60 palabras.

11. Escribe una anotación de diario. Imagínate que esperas con anticipación tu día festivo favorito. En la anotación, empieza con «**Querido diario:**» y

   • di qué día festivo será pronto
   • explica lo que te gusta de ese día festivo
   • describe lo que harás y cómo te sentirás

_____

_____

_____

_____

_____

_____

_____

_____

_____

_____

_____

_____

Part D: Speaking

Vas a participar en una conversación simulada. Primero, lee la situación y el esquema de la conversación. Después, empieza la grabación. Participa en la conversación según el esquema. Una señal indicará cuándo debes empezar y terminar de hablar. Tendrás 20 segundos para grabar cada una de tus respuestas.

12. Imagínate que recibes una llamada telefónica de tu amigo Rafael. Él te llama para invitarte a la primera comunión de su hermanita.

 CD 1 TRACK 9

[El teléfono suena. Sabes que es Rafael por medio del identificador de llamadas.]

TÚ: • Contesta el teléfono.

• Saluda a tu amigo.

RAFAEL: • Saluda y explica por qué llamó.

TÚ: • Rechaza la invitación.

• Explica por qué no puedes asistir.

RAFAEL: • Te hace otra invitación.

TÚ: • Acepta la invitación.

• Pide direcciones.

RAFAEL: • Responde.

• Te hace otra pregunta.

TÚ: • Contéstale.

RAFAEL: • Termina la conversación.

TÚ: • Despídete.

UNIDAD 4

Aspectos de la familia en el mundo hispánico

Actividades de gramática

A. Los tiempos progresivos

1. Completa las oraciones con la forma correcta del imperfecto progresivo de los verbos entre paréntesis. Usa verbos como **estar, andar, seguir, ir** o **venir** para formar expresiones en el imperfecto progresivo, tales como «seguía corriendo», «venía cantando», etcétera.

   1. El otro día, Ricitos de Oro _____ por el bosque cuando vio una casita. (caminar)

   2. Era la casita de los osos que estaba vacía porque ellos _____ un paseo. (dar)

   3. Es cierto que tú _____ que esa niña era demasiado curiosa. (decir)

   4. Cuando los osos decidieron regresar a casa, Ricitos de Oro _____ la sopa. (probar)

   5. A los pocos minutos, ella _____ en la cama más pequeña. (acostarse)

   6. Ricitos de Oro _____ cuando llegaron los osos. (dormir)

   7. Los gritos de Bebé Oso despertaron a la niña. Mientras los osos la _____ con asombro, ella huyó. (ver)

   8. Ricitos de Oro _____ hasta llegar a casa. (correr)

2. Estás mostrándoles a tus amigos fotos de la reunión de tu familia. Explica lo que cada miembro de tu familia está haciendo en las fotos. Usa el presente progresivo ¡y la imaginación!

   Modelo   hermana mayor
                Mi hermana mayor está sirviendo el postre.

   1. madre: _____

   2. padre: _____

   3. hermano(a): _____

   4. abuelo: _____

   5. abuela: _____

   6. primos: _____

   7. tío: _____

   8. tía: _____

B. El participio pasado como adjetivo y los tiempos perfectos

1. Completa las oraciones con participios pasados usados como adjetivos.

1. No tenemos que hacer las actividades porque ya están _____.

2. No tenemos que escribir el diálogo porque ya está _____.

3. No tienes que abrir las ventanas porque ya están _____.

4. Mamá no tiene que preparar la cena porque ya está _____.

5. Carlos no tiene que lavar los platos porque ya están _____.

6. No tengo que arreglar el coche porque ya está _____.

2. Completa las oraciones con la forma correcta del futuro perfecto o del condicional perfecto de un verbo adecuado.

1. El año que viene, yo _____ español por cinco años.

2. Papá ya _____ cuando nosotros lleguemos.

3. Mis primos no me llamaron anoche. ¿Qué les _____?

4. Si hubiera hecho sol, nosotros _____ a la playa.

5. Con tanto dinero, yo _____ por toda Europa.

6. En su lugar, ¿_____ tú lo mismo?

7. Son las cinco. Ya _____ el correo.

8. Si hubiéramos estudiado más, _____ el examen.

9. Patti llegó bien tarde. ¿Adónde _____?

10. Me aseguró que cuando regresara _____ la computadora.

3. Usa verbos en la forma correcta del pluscuamperfecto para escribir cinco cosas que habías hecho antes de venir a la secundaria *(high school)*. Luego escribe cinco cosas que has hecho después de llegar a esta escuela, usando verbos en la forma correcta del presente perfecto.

Modelo   *Antes de venir a esta escuela, yo había estudiado en una escuela privada.*
Después de llegar aquí, he crecido mucho.

Antes de venir a esta escuela…

1. _____

2. _____

3. _____

4. _____

5. _____

Después de llegar aquí…

1. _____

2. _____

3. _____

4. _____

5. _____

C. *Hacer* y *haber* para expresar condiciones del tiempo

1. Completa el pronóstico del tiempo con las formas correctas de **hacer** o **haber.**

Hoy será otro día cálido con temperaturas máximas entre 32 y 34 grados. En la región occidental
1. _____ viento. El viento vendrá del sudeste con velocidades de 30 kilómetros por hora. En la
costa norte, **2.** _____ chubascos y tormentas eléctricas. En el resto del país, **3.** _____
buen tiempo: **4.** _____ sol y **5.** _____ pocas nubes. Después de la medianoche las
temperaturas descenderán entre 20 y 22 grados. En otras palabras, **6.** _____ bastante fresco.

2. ¿Qué condición del tiempo te viene a la mente cuando piensas en los siguientes lugares?

Modelo   Siberia
Hace mucho frío en Siberia.

1. Puerto Rico: _____

2. Alaska: _____

3. Chicago: _____

4. los Andes: _____

5. el Sahara: _____

D. Expresiones de tiempo con *hacer*

1. Escribe las preguntas que tuviste que hacer para averiguar lo siguiente sobre Carlos.

Modelo   *¿Cuánto tiempo hace que vive aquí?*
Hace dos años que vive aquí.

1. _____

Hace un mes que compró la camioneta.

2. _____

Hace cinco años que huyó de su país.

3. _____

Hace mucho tiempo que se dedica a la ganadería.

4. _____

Hace tres años que heredó la finca.

5. _____

Hace seis meses que no ve a su familia.

2. Escribe oraciones completas diciendo hace cuánto tiempo NO haces las siguientes actividades.

   1. ir al cine _____

   2. comprar zapatos _____

   3. probar una comida nueva _____

   4. ver a tu tío favorito _____

   5. dormir diez horas _____

Actividades creativas

A. Mi familia

Escribe una descripción de tu familia. Puede ser sobre tu familia verdadera o imaginaria. En tu composición debes incluir la siguiente información:

- el tamaño de tu familia
- una breve descripción de cada miembro de tu familia y lo que hace
- la persona de tu familia con quien te llevas mejor y por qué

_____

_____

_____

_____

_____

_____

_____

_____

_____

_____

_____

B. Una carta persuasiva

Imagínate que quieres que tu escuela tenga un «Día de los Abuelos», en el cual los abuelos de los estudiantes vienen a la escuela y enseñan por un día. Escríbele una carta al director (o a la directora) de tu escuela para convencerlo(la) que ponga en práctica esta idea. Di por qué estás seguro(a) de que es una buena idea.

_____

_____:

_____

_____

_____

_____

_____

_____

_____

_____

_____

_____

C. La familia Benavides

Mira el dibujo de la familia Benavides. Usa la página siguiente para describir detalladamente lo que está pasando en el dibujo.

© Cengage Learning

_____

_____

_____

_____

_____

Ahora compara las actividades de la familia en el dibujo con las de tu familia. ¿Cuáles son las diferencias y las semejanzas?

_____

_____

_____

_____

_____

Preparación para el examen

A. Listening Tip #4

Use context to figure out the meaning of unfamiliar words and phrases.

Why is this important?

Inevitably, you will hear words and phrases that are unfamiliar to you because they're technical, slang, idiomatic expressions, or vocabulary you haven't learned yet. Since you can't consult a dictionary during the exam, you will need to rely on what surrounds the unfamiliar word to understand its meaning.

Here's how to do it:

1. Pay attention to the words before and after the unfamiliar word or phrase.
   a. A definition or a synonym may be given.
   b. A word or phrase of opposite meaning may be nearby.
2. Figure out the main point of the whole utterance.
3. Find a substitute word or phrase that would make sense in that context.

Example

You need to determine the meaning of the word «ciego» in the listening passage: No te preocupes, tonto. Está tan ciego el tío Paco que tiene que sentarse muy cerca de la pantalla. Le diremos que no aguantamos eso, y nos sentaremos atrás, solitos.

You pay attention to words nearby: tiene que sentarse muy cerca de la pantalla

You figure out the main point of the utterance: Tío Paco needs to sit very close to the screen.

You find a substitute word or phrase that makes sense: no ve bien

Your turn!

You need to determine the meaning of the expression «se te pegan las sábanas» in the following audio excerpt.

🔊 CD 1 TRACK 10

You pay attention to words nearby: _____

You figure out the main point of the utterance:: _____

You find a substitute word or phrase that makes sense: _____

B. Reading Tip #4

Examine character traits.

Why is this important?

Characters are an important element of stories, both literary and journalistic. When you understand a character, you have a deeper understanding of the narrative.

Here's how to do it:

1. Notice details about what a character looks like, says, does, and thinks.
2. Use supporting details to define specific qualities.

Example

You read:

Cuando llegué a la casa de mi abuela, golpeé dos veces a su puerta. A la tercera vez, su horrible voz me respondió.

—Pasá nomás, Caperucita.

Estaba en la cama, toda vestida de encajes con cofia de puntillas y cintas de terciopelo: le había desaparecido el lunar con el pelo largo y blanco del mentón. Algo más noble le hacía brillar la mirada y decidí por primera vez, porque quizá me apiadé al verla en la cama, mentirle y halagarla...

You notice details about the character: su horrible voz, estaba en cama, vestida de encajes, ya no tenía un lunar en el mentón

You define specific qualities: enferma, anticuada, fea

Your turn!

Read this excerpt:

Pregunta: ¿Cómo le ha educado usted para que saliera tan buen hijo?

Respuesta: Como una familia normal y corriente, sin ostentaciones y sin tonterías. Y regañándoles a los dos chicos cuando había que hacerlo. Parece que los padres de ahora temen a reprender a sus niños, eso no puede ser, hay que ir marcando el camino, eso lo conservan siempre. Parece que no, pero las cosas quedan.

What does the character say about raising children? _____

_____

According to what she says, what kind of mother do you think she was? _____

_____

C. Writing Tip #4

Memorize set expressions for letter writing.

Why is this important?

Many interpersonal writing tasks involve letters and emails. Knowing common phrases will allow you to quickly write the openings and closings, leaving you more time to focus on the main body of the message.

Here's how to do it:

1. Learn one salutation well. Make sure there is adjective-noun agreement and that you use a colon.
   a. For personal letters: **Querido (Rafael): / Querida (Lucía): / Queridos (mamá y papá):**
   b. For formal letters: **Estimada (señora Ruiz): / Estimado (Director): / Estimados (señores):**

2. Learn one closing well. Make sure the spelling is correct.
   a. For personal letters: **Un fuerte abrazo,**
   b. For formal letters: **Un cordial saludo,**

3. Learn a couple of statements to begin the letter.

   Disculpa que no te haya escrito desde hace tiempo.

   Siento / Me alegra que...

   Estoy agradecido(a) por (escribirme, ofrecerme, invitarme).

   Me complace anunciar que...

4. Learn a couple of statements to end the letter.

   Saluda a tu familia de mi parte.

   Espero saber de ti pronto.

   Cuídate.

   Espero tener noticias suyas pronto.

   Gracias por su ayuda en este asunto.

Example

Escríbele una carta a tu tío. Imagínate que él está en el hospital.

You use the memorized salutation: Querido tío Max:

You begin the letter with one of the set statements: Siento que estés enfermo.

You end the letter with one of the set statements: Cuídate.

You use the memorized closing: Un fuerte abrazo,

Your turn!

Escríbeles una carta a tus abuelos. Imagínate que tus abuelos están vivos y que no los has visto en un año.

Use the memorized salutation: _____

Begin the letter with one of the set statements: _____

End the letter with one of the set statements: _____

Use the memorized closing: _____

D. Speaking Tip #4

In your oral presentation, make sure you compare and contrast; don't just summarize.

Why is this important?

Your topic development depends upon how well you compare and contrast.

Here's how to do it:

1. Read the task carefully and determine whether you need to compare, contrast, or both.
    a. If the task says **compara,** then you need to point out similarities and differences.
    b. If the task says **contrasta,** then you only need to point out the differences.
2. Use the following phrases to point out similarities:

ambos	**al igual que**	**tan... como**
también	**del mismo modo**	**comparten**

3. Use the following phrases to contrast:

al contrario	**en cambio**	**sin embargo**
a diferencia de	**en contraste**	**mientras que**

Example

You read the task: En una presentación oral, contrasta las familias tradicionales y las familias modernas. *You determine that you only need to point out the differences.*

You use phrases to contrast: La familia tradicional es patriacal, o sea, el hombre trabaja fuera de la casa y la mujer se encarga del cuidado del hogar y los niños. En la familia moderna, en cambio, tanto el hombre como la mujer trabajan fuera de la casa. Mientras que la familia tradicional tiene costumbres más arraigadas, la familia moderna tiende a ser más liberal.

Your turn!

You read the task: En una presentación oral, compara y contrasta la niñez, la formación y las obras de los escritores Junot Díaz y Esmeralda Santiago.
You determine whether you need to compare, contrast, or both: _____
_____

You choose three phrases to point out similarities: _____
_____

You choose three phrases to contrast: _____
_____

In the **Examen de práctica,** *use these phrases in your presentation.*

Examen de práctica

Part A: Listening

Vas a escuchar una selección. Después vas a escuchar una serie de preguntas sobre la selección. Para cada pregunta elige la mejor respuesta de las cuatro opciones escritas.

🔊 CD 1 TRACK 11

1.
   a. Es padre de familia.
   b. Es estudiante universitario.
   c. Es empleado de una oficina.
   d. Es un muchacho que se queda en casa todo el día.

2.
   a. A su hermano
   b. A su abuela
   c. A su mamá
   d. A su papá

3.
   a. Porque su amigo Miguel lo va a recoger
   b. Porque su mamá lo despierta
   c. Porque su abuela le prepara el desayuno
   d. Porque cancelaron las clases

4.
   a. Que duerme hasta tarde
   b. Que no duerme bien
   c. Que es madrugador
   d. Que suda dormido

5.
   a. Café con leche
   b. Tostadas
   c. Café con leche y tostadas
   d. Nada

Part B: Reading

Lee el pasaje a continuación con cuidado y contesta las preguntas que siguen. Para cada pregunta elige la mejor respuesta de las cuatro opciones.

«En Hollywood también hay gente normal»
Entrevista a la madre de Antonio Banderas

PROFESORA: Ana Banderas, malagueña, es profesora de profesión. Su marido, policía.

APOYO: Hizo todo lo posible para que su hijo no fuera actor, luego le ayudó a fondo.

FUTURO: Su mayor deseo: tener con ella a Stella del Carmen, la hija de Antonio y Melanie Griffith.

Esta semana, Málaga ha nombrado hijo adoptivo de la ciudad a Antonio Banderas. El actor ha dedicado públicamente a sus padres esta distinción. Todo un homenaje a los que según él le han enseñado todo y a los que todo debe. Su actitud ha emocionado profundamente a su madre, doña Ana, icono de la familia.

Pregunta: ¿Cómo le ha educado usted para que saliera tan buen hijo?

Respuesta: Como una familia normal y corriente, sin ostentaciones y sin tonterías. Y regañándoles a los dos chicos cuando había que hacerlo. Parece que los padres de ahora temen a reprender a sus niños, eso no puede ser, hay que ir marcando el camino, eso lo conservan siempre. Parece que no, pero las cosas quedan.

P: ¿Cuál ha sido su orden de prioridades?

R: Primero los principios religiosos, somos cristianos. Y se han criado también con el cariño de todos los familiares, el respeto a los mayores. En fin, esas cosas esenciales para los niños. Y así es como educa Antonio a Stella, una maravilla, buena, educada y además listísima. Va a un colegio católico. Sin principios estamos perdidos.

P: Antonio confesó en Málaga que sus padres le habían enseñado a hacer frente al mundo profesional que había elegido. ¿Y cómo encajó un padre policía que le saliera un hijo artista?

R: Se lo tomó mejor que yo. Era yo la que me negaba a que se fuera a Madrid, no lo podía soportar. Así que lo que hacía era muchos viajes a Madrid, de viernes por la noche a lunes por la mañana, para ver qué le hacía falta, siempre muy pendiente.

P: ¿A él no se le ha subido el éxito a la cabeza?

R: Ni a Antonio ni a ninguno de la familia, la vanidad no sirve para nada. Yo sigo igual que antes, siempre con miedo por él. «¡Ay, Antonio, este proyecto, a ver si no te sale; rezaré para que te salga bien!» Igualito que el primer día.

P: ¿Y cómo se siente una señora de Málaga de toda la vida paseándose por Hollywood?

R: De Málaga, bajita y poca cosa, porque allí ¡son todos tan altos! Pues me siento encantada de la vida. Hay personas buenas en todos sitios y entre los artistas también. No hay por qué decir aquello es peor. En Hollywood también hay gente normal.

El Mundo (Madrid)

6. ¿Qué tipo de madre era Ana Banderas?
   a. Despreocupada
   b. Pesada
   c. Atenta
   d. Abusiva

7. ¿Qué piensa Ana Banderas de los padres de hoy día?
   a. Que son muy permisivos
   b. Que maltratan a los hijos
   c. Que son listísimos
   d. Que son normales

8. ¿Cuál es un valor que doña Ana le ha enseñado a sus hijos?
   a. Es muy importante ser honestos.
   b. Hay que respetar a los mayores.
   c. Hay que pensar antes de actuar.
   d. No hay nada bueno en ser famoso.

9. ¿Cuál era la actitud de Ana Banderas ante la profesión de su hijo?
   a. Pensaba que era muy peligroso ser policía.
   b. Al principio no quería que fuera actor.
   c. Siempre le ha encantado la idea de Hollywood.
   d. El éxito se le subió a la cabeza.

10. ¿Por qué dice Ana Banderas que «en Hollywood también hay gente normal»?
    a. Porque todos son muy altos
    b. Porque hay colegios católicos
    c. Porque allí vive su nieta Stella
    d. Porque hay gente buena

Part C: Writing

Lee el tema de la escritura interpersonal. Tu respuesta escrita debe tener un mínimo de 60 palabras.

11. Escríbeles una carta a tus abuelos. Imagínate que tus abuelos están vivos y que no los has visto en un año. En la carta,

    • saluda a tus abuelos
    • expresa tu deseo de verlos
    • describe el papel importante que han tenido en tu vida

_____
_____
_____
_____
_____
_____
_____
_____
_____

_____

_____

_____

Part D: Speaking

Vas a dar una presentación oral. Primero, debes leer el siguiente artículo. Luego, vas a escuchar la selección auditiva. Toma apuntes mientras escuchas. Vas a tener dos minutos para preparar tu presentación oral y dos minutos para grabarla.

12. En una presentación oral, compara y contrasta la niñez, la formación y las obras de los escritores Junot Díaz y Esmeralda Santiago.

Fuente No. 1

Junot Díaz y la nueva cultura norteamericana

Junot Díaz nació en 1968 en Santo Domingo y a los seis años emigró a Nueva Jersey con sus padres. Allí comenzó un período de integración en la vida de Estados Unidos con el tipo de escollos lingüísticos frecuentes entre quienes comparten sus circunstancias. En lo personal, su existencia fue particularmente difícil. En la década del ochenta, casi al mismo tiempo que su padre abandonaba el hogar, uno de sus hermanos moría de leucemia y el grupo constituido de madre y cuatro hijos se vio forzado a vivir en la pobreza.

Díaz aprendió trabajosamente el inglés y cuando lo hizo, abandonó el español, que solo recuperaría a través del estudio, a una edad más avanzada. Sus padres huyeron de un Santo Domingo gobernado por Trujillo y su infancia estuvo dominada por el secreteo acerca de los crímenes cometidos por el régimen, los padecimientos infligidos a familiares y allegados comentados a medias, refractados en comportamientos que solo entendería más adelante a través de su escritura. La lengua materna de Junot Díaz es, como esas historias, un recuerdo actualizado por una elección personal cuya contraparte cultural emerge en su obra. Estudió en las universidades de Rutgers y Cornell. Actualmente es profesor en el MIT (Massachusetts Institute of Technology), donde enseña literatura creativa en inglés. Se autodefine frecuentemente no como escritor sino como artista.

Hombre de color oriundo de Santo Domingo, a Díaz le preocupa que su obra sucumba a una mirada que lo trivialice y lo muestre solo como representante de su condición histórica y racial. Los cuentos de Drown están escritos en un inglés nervioso, interesado en captar el ritmo del habla de la calle, con una atención a la vida cotidiana que recuerda ciertos momentos de Saul Bellow en clave hispana. El lector que busque una especificidad colectiva, el ser latino, hallará aquí algo de lo que desea. La maestría de esos relatos, que presentan ambientes y personajes, reside en la crueldad y la distancia con que se narran, dejando a un lado el sentimentalismo de otros escritores latinos. Hay violencia, sexo, pobreza y palabras en español que se entremezclan con el inglés.

La Nación Online
Por Alicia Borinsky

crédito: «Junot Díaz y la nueva cultura norteamericana», La Nación, Argentina.

Fuente No. 2
 CD 1 TRACK 12

«Esmeralda Santiago»

UNIDAD 5

El hombre y la mujer en la sociedad hispánica

Actividades de gramática

A. El presente del subjuntivo

1. Completa las oraciones con la forma correcta del presente del subjuntivo de los verbos entre paréntesis.

   1. Ojalá que ellos (salir) _____ temprano.

   2. Quizás Carlos y Concha (llegar) _____ al cine a tiempo.

   3. Tal vez yo no (poder) _____ acompañarlos.

   4. Ojalá que él me (dar) _____ los boletos.

   5. Tal vez nosotros (tener) _____ bastante dinero para comprarlos.

   6. Ojalá que ella no (decir) _____ tales tonterías.

   7. Acaso los jóvenes (perderse) _____ los preestrenos.

   8. Quizás nosotros (resolver) _____ el dilema.

   9. Tal vez ella no (estar) _____ bien enterada del asunto.

   10. Ojalá que su tío (saber) _____ el título de la película.

2. Lee la lista parcial de los derechos de la mujer en la página 56. Luego expresa tus deseos por que se cumplan con **Ojalá que.**

   Modelo *Ojalá que escoja el trabajo que más le convenga.*

LOS DERECHOS DE LA MUJER

- Escoger el trabajo que más le convenga.
- Recibir igual remuneración que los hombres por un trabajo comparable.
- Tomar libremente la decisión de contraer matrimonio al alcanzar la edad legal.
- Decidir en pareja el número de hijos.
- Compartir conjuntamente con la pareja las responsabilidades familiares.
- No negarles el trabajo solicitado por estar embarazadas.
- Ser respetadas.
- Expresar abiertamente sus opiniones.

1. Ojalá que _____.

2. Ojalá que _____.

3. Ojalá que _____.

4. Ojalá que _____.

5. Ojalá que _____.

6. Ojalá que _____.

7. Ojalá que _____.

8. Ojalá que _____.

3. Contesta las siguientes preguntas, expresando tu opinión. Usa las expresiones **quizás** o **tal vez** y la forma correcta del presente del subjuntivo.

1. ¿Cuándo te echarás una siestecita?

_____

2. ¿Cuándo verás una función teatral?

_____

3. ¿Cuándo te convertirás en un(a) profesional?

_____

4. ¿Cuándo perderá nuestro equipo de fútbol?

_____

5. ¿Cuándo desaparecerá la desigualdad de los sexos?

_____

6. ¿Cuándo habrá una presidenta electa de Estados Unidos?

_____

B. Los mandatos

1. Contesta las siguientes preguntas con un mandato familiar, primero en forma afirmativa y luego en forma negativa. Usa pronombres de objeto en las respuestas.

> **Modelo**   ¿Leo los reglamentos ahora?
> *Sí, léelos. -o- No, no los leas.*

1. ¿Hago las tortillas ahora? _____

2. ¿Atiendo a los clientes ahora? _____

3. ¿Busco el coche ahora? _____

4. ¿Sirvo los refrescos ahora? _____

5. ¿Pido el dinero ahora? _____

2. Ahora contesta las siguientes preguntas con un mandato en forma de nosotros, primero en la forma afirmativa y luego en la negativa. Usa pronombres reflexivos o de objeto en las respuestas.

> **Modelo**   ¿Nos informamos sobre la política?
>
> *Sí, informémonos. No, no nos informemos.*

1. ¿Nos postulamos como candidatos? _____

2. ¿Encabezamos el comité? _____

3. ¿Favorecemos las nuevas leyes? _____

4. ¿Evitamos la polémica? _____

5. ¿Nos damos prisa? _____

3. Completa la conversación con los mandatos de los verbos de la lista. Un verbo se usará dos veces.

> darnos   dejar   faltar   llegar   tener
> decirme   divertirse   ir   salir

PADRE: Andrea, no **1.** _____ tarde.

MADRE: Y **2.** _____ mucho cuidado al conducir, hija.

ANDREA: Ay, ustedes dos: **3.** _____ de preocuparse tanto. No soy una bebé, saben. Apuesto que a mis hermanos mayores ustedes les decían: «**4.** _____ mucho». Nada de llegar a casa temprano.

MADRE: **5.** _____ en cuenta que vives bajo nuestro techo y debes seguir nuestras reglas.

ANDREA: Sí, sí. Vosotros, gran padres de mucha sabiduría, **6.** _____ qué hacer y lo haré.

PADRE: No nos **7.** _____ el respeto, Andrea Francesca.

ANDREA: Perdón. ¿Me puedo ir?

MADRE: Sí, **8.** _____ pero primero, **9.** _____ un beso.

PADRE: (al irse Andrea) Oye, viejita, ¡**10.** _____ nosotros también! ¡La noche es joven!

4. Eres el (la) gobernador(a) de tu estado. Haz una lista de cinco cosas que les dirías a tus congresistas que hicieran. Usa mandatos formales.

> **Modelo** *Aprueben Uds. la nueva ley de inmigración.*

1. _____

2. _____

3. _____

4. _____

5. _____

C. Los pronombres relativos

1. Completa cada oración con un pronombre relativo adecuado.

1. Vicente es el chico _____ estudia en Guadalajara.

2. El periódico _____ está en la mesa es de Colombia.

3. Dan la película en el Cine Mayo, _____ está cerca del centro.

4. El hombre con _____ hablan es el profesor de español.

5. La película de _____ hablo es española.

6. La muchacha a _____ le mandó la tarjeta es su novia.

7. Esa mujer _____ está sentada en esa butaca es puertorriqueña.

8. Aquella iglesia, detrás de _____ viven mis abuelos, es muy antigua.

9. Su casa, dentro de _____ hay una fuente, es muy bonita.

10. El novio de la hermana de Pablo, _____ vive en Acapulco, va a visitarnos este verano.

11. _____ no trabajan mucho, ganan poco.

12. No puedo entender _____ él dice.

13. Oyeron un ruido en el pasillo, _____ les pareció extraño.

14. Esa casa, _____ paredes son de ladrillo, es típica de este barrio.

2. Completa las preguntas con los pronombres relativos de la lista. Luego contéstalas, expresando tu opinión personal.

cuya   las que   los que

cuyos   lo cual   quien

1. ¿Es el hombre o la mujer _____ tiene la responsabilidad de hacer las tareas domésticas?

_____

2. En la escuela, ¿son los niños o las niñas _____ reciben más atención?

_____

3. Los hombres y mujeres profesionales, _____ sueldos no son iguales, ¿tienen las mismas oportunidades para avanzar?

_____

4. ¿Estarías a favor o en contra de una mujer sacerdote en la iglesia católica, _____ no existe hoy?

_____

5. ¿Son los protagonistas de las películas —de _____ has visto— generalmente hombres o mujeres?

_____

Actividades creativas

A. Un poema de esperanza

Escribe un poema de cuatro estrofas. Cada estrofa deberá empezar con **Ojalá (que).** El narrador del poema puede ser (1) una niña que piensa en su futuro, (2) un joven que acaba de enamorarse de una chica o (3) tú, escribiendo una carta a tu futuro hijo. ¡Sé creativo(a)!

_____

_____

_____

_____

B. En la Oficina de Turismo

Imagínate que trabajas en la Oficina de Turismo en la ciudad hispánica del dibujo. Tres turistas quieren saber cómo llegar a los siguientes lugares. Para cada situación, escribe un diálogo entre tú y el (la) turista. En el mapa, Uds. están en la Estación del Norte.

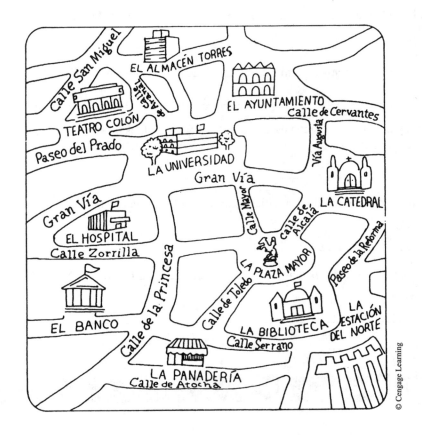

1. el Teatro Colón

_____

_____

_____

2. la Plaza Mayor

_____

_____

_____

_____

3. el banco

_____

_____

_____

_____

Nombre _____ Fecha _____ Clase _____

C. Una conversación entre padres e hijos

La familia Gutiérrez consiste de un papá, una mamá, un hijo y una hija. Es sábado: día de las tareas domésticas. Los padres les dicen a los hijos lo que deben hacer para ayudar a limpiar la casa. El hijo piensa que su hermana debe hacerlo, pero la hija no está de acuerdo. Escribe un diálogo para representar la escena.

D. Una crítica cinematográfica

Muchas películas perpetúan los estereotipos sobre el papel tradicional de hombres y mujeres. Piensa en una película cuyos protagonistas son un hombre y una mujer. Escribe una crítica sobre la película. Incluye una descripción de los protagonistas, un resumen del argumento *(plot)* y tu opinión de la película y de los estereotipos que resalten *(stand out)*. Fíjate en el uso de adjetivos, del subjuntivo y de los pronombres relativos.

Preparación para el examen

A. Listening Tip #5

Pay attention to verb endings. These will tell you the mood of the verb.

Why is this important?

The mood of the verb reveals how the speaker feels about the statement he or she makes. If the speaker uses the indicative mood, then you know the statement is real; it's a fact. If the speaker uses the subjunctive mood, then you know the statement may not be real: it could be a wish, a contrary-to-fact statement, or an opinion.

Here's how to do it:

1. Listen carefully to each verb and determine if it's in the indicative or subjunctive.
2. If the verb is in the indicative, know that it's a fact. If you're using a graphic, you can write a summary of the sentence in a FACT column.
3. If the verb is in the subjunctive, pay attention to the speaker's feelings. You can write a summary of the sentence in the FEELINGS column. Be sure to include who feels that way; in other words, identify the speaker.

Example

You hear: RAMIRO: ¡Ojalá que a Gloria le salga el viaje a Tokio!

You identify the verb and the mood: salga—subjunctive

You write or think: (FEELINGS) Ramiro hopes Gloria goes to Tokyo.

Your turn!

You hear:

1. MARUCA: Ya es hora de que (Gloria) tenga marido.
2. RAMIRO: ...con el chico ese... el que está terminando pediatría.

You identify the verbs and the mood:

1. _____

2. _____

You write:

FACT	FEELINGS

Based on the information in your graphic, are the following sentences true or false?

1. Gloria is married.
2. The young man is studying to become a pediatrician.

Answers: 1. False; Maruca wishes Gloria were married which means she's not. **2.** True; ¿está terminando pediatría? is in the indicative mood so it's a fact.

B. Reading Tip #5

Justify your answer choice by finding the evidence in the reading. Underline the part of the text that answers each question.

Why is this important?

What you think the answer to a question should be and what the author of the passage actually says may be two different things. By finding words and phrases in the passage that answers directly or indirectly the question, you can feel confident of your answer choice.

Here's how to do it:

1. Read the question carefully.
2. Scan the passage to find the section that deals with the question.
3. Read the section closely and underline words that answer the question or that provide clues to the answer.
4. Choose the answer choice that most resembles the underlined text.

Example

The question is: ¿Qué podemos decir de Sor Juana?

You scan the passage and find the sentence(s): En un ensayo famoso confiesa que trató de convencer a su madre de que debía asistir a la universidad vestida de hombre porque no admitían a las mujeres. La madre no accedió y Sor Juana tuvo que aprender todo por sí sola.

You underline the key words: En un ensayo famoso confiesa que trató de convencer a su madre de que debía asistir a la universidad vestida de hombre porque no admitían a las mujeres. La madre no accedió y <u>Sor Juana tuvo que aprender todo por sí sola.</u>

You choose the answer choice that most resembles the underlined text:

  a. Fue una gran profesora.
  b. Se graduó de la universidad.
  c. Era autodidacta.
  d. Era analfabeta.

Your turn!

The question is: ¿Cuál parece ser un tema principal en la poesía de Sor Juana?

You scan the passage and find the sentence(s): Muchos de sus versos son ricos en simbolismo y se refieren a los problemas que causaba su curiosidad intelectual frente a la sociedad cerrada de su época.

You underline the key words: Muchos de sus versos son ricos en simbolismo y se refieren a los problemas que causaba su curiosidad intelectual frente a la sociedad cerrada de su época.

You choose the answer choice that most resembles the underlined text:

  a. El sentimiento de fatalismo en la sociedad española.
  b. La ironía del amor no correspondido.
  c. El tormento de los sentimientos maternales.
  d. Los problemas de la curiosidad intelectual en una sociedad cerrada.

C. Writing Tip #5

Pace yourself.

Why is this important?

You have about ten minutes to write your reply in the Interpersonal Writing. It is very important that you finish the task during this time period.

Here's how to do it:

1. Write the start time on the page.
2. Take one minute to read the prompt and understand the task.
3. Take another minute to organize your thoughts.
4. Take six minutes to write the note.
5. Halfway through the note, glance at the clock and modify your pace accordingly.
6. Take two minutes to proofread.

Example

Write the time: 2:10

Read and understand the prompt: Escríbele un mensaje electrónico a un(a) amigo(a). Imagínate que piensas hacer un viaje a México. En el mensaje, saluda a tu amigo(a) y

- cuéntale sobre tu viaje a México
- menciona los lugares que vas a visitar
- expresa lo que esperas aprender de la cultura mexicana
- despídete

Organize your thoughts: amigo=Alex; saludo=¿qué tal?; lugares=Chichén Itzá, Tulum, Mérida; aprender=las antiguas civilizaciones, la arquitectura, el arte; despedida=recibe un gran abrazo

Write the note: Querido Alex: ¿Qué tal? Espero que estes muy bien. Te tengo una noticia fabulosa. Mi familia y yo vamos a viajar México la próxima semana. Vamos a recorrer Yucatán durante diez dias. Visitaremos Tulum, Cancún, Mérida y Chichén Itzá.

See what time it is and write faster: 2:16

Estoy muy emocionado! Ojalá que aprendo mucho las antiguas civilizaciones como la de los olmecas y la de los maya. También espero visitar los museos de arte. Lástima que no puedas venir con nosotros. Bueno, te mandaré una tarjeta postal desde alli. Recibe un gran abrazo, Sergio

Proofread: Querido Alex: ¿Qué tal? Espero que estés muy bien. Te tengo una noticia fabulosa. Mi familia y yo vamos a viajar a México la próxima semana. Vamos a recorrer Yucatán durante diez días. Visitaremos Tulum, Cancún, Mérida y Chichén Itzá. ¡Estoy muy emocionado! Ojalá que aprenda mucho sobre las antiguas civilizaciones como la de los olmecas y la de los mayas. También espero visitar los museos de arte. Lástima que no puedas venir con nosotros. Bueno, te mandaré una tarjeta postal desde allí. Recibe un gran abrazo, Sergio

Finish time: 2:20

Your turn!

In the next practice exam Part C Writing, pace yourself. Look at the clock, write the start time on the top of the page, and glance at the clock every couple of minutes. Move on to the next step when it's time.

D. Speaking Tip #5

In the simulated conversations, speak during the full 20 second interval.

Why is this important?

You want to demonstrate your productive skills so it's better to speak too much than too little. While you won't be penalized if you're still speaking when the «beep» interrupts, you will be penalized if you leave a portion of your speaking time blank.

Here's how to do it:

1. Respond to the question or remark appropriately.
2. Add details to your statement.
3. If there's still time, provide some examples.

Example

You hear: Pero, acaso, ¿importa que los novios se conozcan en persona antes de decidirse a casarse? ¿Qué opinas tú?

You respond: Sin duda alguna, es muy importante que los novios se conozcan en persona antes de casarse.

Add details: El matrimonio es algo muy serio y para que perdure, los novios tienen que saber cuáles son sus defectos.

Give an example: Mis padres, por ejemplo, fueron novios durante cuatro años antes de casarse.

Your turn!

You hear: Mañana tengo una cita con mi novia Raquel. ¿Adónde crees que debemos ir?

You respond: _____

Add details: _____

Give an example: _____

Examen de práctica

Part A: Listening

Vas a escuchar una selección. Después vas a escuchar una serie de preguntas sobre la selección. Para cada pregunta elige la mejor respuesta de las cuatro opciones escritas.

 CD 1 TRACK 13

1.
   a. Está triste que Gloria viaje a Tokio.
   b. Está preocupado por sus nietos.
   c. Está muy orgulloso de su hija.
   d. Está avergonzado de tener una hija soltera.

2.
   a. Es una mujer moderna.
   b. Es una mujer hogareña.
   c. Es una mujera impulsiva y algo despistada.
   d. Es una mujer que no sabe lo que quiere hacer en la vida.

3.

    a. Quiere decir que es una mujer con gustos refinados.

    b. Quiere decir que no le gustan las cosas viejas.

    c. Quiere decir que tiene ideas conservadoras.

    d. Quiere decir que tiene muchos años.

4.

    a. Tiene un novio que estudia medicina.

    b. Trabaja en una agencia de viajes.

    c. No le gustan las computadoras.

    d. Tiene esposo.

Part B: Reading

Lee el pasaje a continuación con cuidado y contesta las preguntas que siguen. Para cada pregunta elige la mejor respuesta de las cuatro opciones.

Sor Juana Inés de la Cruz (1651–1695)

Durante la época colonial en Hispanoamérica la literatura pocas veces alcanzó el nivel de la de España. La única figura de importancia fue una mujer, Juana Inés de Asbaje y Ramírez de Santillana, más conocida por su nombre eclesiástico, Sor Juana Inés de la Cruz. Sor Juana nació en Nueva España en 1651, época en que las muchachas tenían la elección de casarse o entrar al convento.

Sor Juana era una niña muy inteligente, que había aprendido a leer a los tres años, y durante su juventud tuvo gran fama intelectual y social en la corte del virrey. En un ensayo famoso confiesa que trató de convencer a su madre de que debía asistir a la universidad vestida de hombre porque no admitían a las mujeres. La madre no accedió y Sor Juana tuvo que aprender todo por sí sola. A los dieciséis años decidió renunciar a la sociedad y entrar en un convento. Su única explicación fue que no tenía interés en el matrimonio y quería dedicarse al estudio y a la literatura. La vida religiosa tenía cierta atracción porque le ofrecía sosiego y tiempo para las tareas intelectuales. Durante casi treinta años Sor Juana escribió poesía, considerada entre la más bella y original que se ha creado en la lengua española. Su obra muestra las tensiones internas de una mujer, por un lado sinceramente católica y por otro consciente de las nuevas ideas científicas.

Muchos de sus versos son ricos en simbolismo y se refieren a los problemas que causaba su curiosidad intelectual frente a la sociedad cerrada de su época.

> *Hombres necios que acusáis*
> *a la mujer sin razón,*
> *sin ver que sois la ocasión*
> *de lo mismo que culpáis;*
> *Queréis, con presunción necia*
> *hallar a la que buscáis,*
> *para pretendida, Thais,*
> *y en la posesión, Lucrecia.*
> *¿Pues para qué os espantáis*
> *de la culpa que tenéis?*
> *Queredlas cual las hacéis*
> *o hacedlas cual las buscáis.*

Sor Juana vertió en sus muchas poesías algún tormento interior y lo supo hacer dentro de una sociedad que desaprobaba la libertad intelectual, sobre todo de parte de una mujer. Así que la vida y obra de Sor Juana hacen de esta poeta la primera feminista del continente.

5. Según el artículo, ¿quién es Sor Juana Inés de la Cruz?
   a. Mujer de fama internacional por su actividad en la educación
   b. Primera mujer en asistir a la universidad en Hispanoamérica
   c. Primera feminista del Nuevo Mundo
   d. Niña inteligente e intelectual

6. ¿Por qué entró Sor Juana al convento?
   a. Amaba la Iglesia.
   b. Quería dedicarse al estudio.
   c. Quería vivir lejos de su madre.
   d. No quería casarse con el virrey.

7. En el poema «Hombres necios...», ¿cuál es la actitud de Sor Juana hacia los hombres?
   a. Cree que los hombres son tontos.
   b. Admira mucho a los hombres.
   c. Siente lástima por los hombres.
   d. Se burla de la lógica de los hombres.

8. Acerca de Sor Juana, podemos decir que...
   a. tuvo una juventud aburrida.
   b. no le interesaba tener marido.
   c. no fue conocida hasta muchos siglos después.
   d. deseaba no tener una curiosidad intelectual.

9. ¿Cuál parece ser un tema principal en la poesía de Sor Juana?
   a. El sentimiento de fatalismo en la sociedad española.
   b. La ironía del amor no correspondido.
   c. El tormento de los sentimientos maternales.
   d. Los problemas de la curiosidad intelectual en una sociedad cerrada.

Part C: Writing

Lee el tema de la escritura interpersonal. Tu respuesta escrita debe tener un mínimo de 60 palabras.

10. Escríbele un mensaje electrónico a un(a) amigo(a). Imagínate que acabas de regresar de una cita con una persona magnífica. En el mensaje, saluda a tu amigo(a) y
   • cuéntale sobre la cita
   • describe a la persona con quien saliste
   • di cómo te sientes ahora
   • despídete de tu amigo(a)

_____

_____

_____

_____

_____

_____

_____

_____

_____

_____

_____

_____

_____

_____

Part D: Speaking

Vas a participar en una conversación simulada. Primero, lee la situación y el esquema de la conversación. Después, empieza la grabación. Participa en la conversación según el esquema. Una señal indicará cuándo debes empezar y terminar de hablar. Tendrás 20 segundos para grabar cada una de tus respuestas.

11. Imagínate que recibes una llamada telefónica de tu prima Ana. Ella quiere compartir contigo la noticia de su compromiso con Sergio, a quien tú no conoces.

 CD 1 TRACK 14

[El teléfono suena. Sabes que es Ana por medio del identificador de llamadas.]

TÚ:	• Contesta el teléfono.
	• Saluda a tu prima.
ANA:	• Saluda y explica por qué llamó.
TÚ:	• Reacciona a la noticia.
	• Hazle preguntas sobre su novio.
ANA:	• Te responde y te hace una pregunta.
TÚ:	• Expresa tu opinión.
ANA:	• Te hace otra pregunta.
TÚ:	• Contéstale.
ANA:	• Reacciona a tus comentarios.
TÚ:	• Trata de convencerla que siga tus consejos.
ANA:	• Termina la conversación.
TÚ:	• Expresa tus sentimientos.
	• Despídete.

UNIDAD 6

Costumbres y creencias

Actividades de gramática

A. El imperfecto, presente perfecto y pluscuamperfecto del subjuntivo

1. Completa las oraciones con la forma correcta del pluscuamperfecto del subjuntivo de los verbos entre paréntesis.

1. Ojalá todos los invitados (asistir) _____ a la fiesta.

2. Ojalá mi abuelita (preparar) _____ el pastel.

3. Ojalá una banda (tocar) _____ en lugar del DJ.

4. Ojalá yo (colgar) _____ muchos globos.

5. Ojalá no (hacer) _____ tanto calor.

6. Ojalá mis amigos (bailar) _____ más.

7. Ojalá nosotros (sacar) _____ fotos de los invitados.

8. Ojalá tú no (irse) _____ tan temprano.

2. Completa el párrafo con los verbos adecuados, usando la forma correcta del presente perfecto del subjuntivo.

Aquí todavía no es de noche pero en España ya han celebrado el Año Nuevo. ¡Ojalá que mis amigos españoles **1.** _____ mucho! Tal vez ellos ya **2.** _____ las doce uvas de la medianoche. Quizás Pilar **3.** _____ a la Plaza Mayor para celebrar. Ojalá que yo no **4.** _____ su llamada telefónica. Ella siempre me llama y me dice: «Espero que el año nuevo te traiga paz, amor y felicidad». ¿Quizás este año ella **5.** _____ de llamar?

3. Haz una lista de cinco cosas que fue necesario que hicieras antes de venir a clase hoy.

Modelo *Fue necesario que yo estudiara la lección.*

1. _____

2. _____

3. _____

4. _____

5. _____

6. _____

B. El subjuntivo en cláusulas nominales y la secuencia de tiempos

1. Completa las oraciones con la forma correcta del subjuntivo o del indicativo de los verbos entre paréntesis. Presta atención a la secuencia de tiempos.

   1. Nosotros esperábamos que ellos (estar) _____ en las exequias.

   2. Dudo que tú (poder) _____ encontrarlo.

   3. Quieren que yo (ir) _____ con ellos al velorio.

   4. Ella sentía mucho que nosotros no (tener) _____ tiempo para acompañarla.

   5. Me alegré de que Uds. (haber) _____ comprado una casa nueva.

   6. Creo que él (ser) _____ un hombre importante.

   7. Me pidió que (ir) _____ a visitarlo.

   8. No creo que ellos (salir) _____ mañana.

   9. Temo que Tomás no (haber) _____ asistido al velorio.

   10. Agradecería que Ud. le (mandar) _____ una carta.

   11. Querían que César (conocer) _____ a Elena.

   12. ¿Crees que ellos (haber) _____ vuelto de las exequias?

   13. Creemos que ella nos (decir) _____ mentiras.

   14. Les aconsejo que (vivir) _____ en este barrio.

   15. Ellos prefieren que todos lo (hacer) _____ con mucho cuidado.

   16. Espero que los invitados (llegar) _____ a las nueve.

   17. Dudábamos que el velorio (empezar) _____ esta tarde.

   18. Luz María negó que ellos (haber) _____ visto la película.

   19. El ladrón no negó que él (haber) _____ robado muchas cosas.

   20. Me entristecería que mi vecino (perder) _____ todo su dinero en la lotería.

   21. Me están aconsejando que (firmar) _____ el manuscrito.

   22. Elena insistió en que César y Manuel (tomar) _____ té.

2. Un tío rico ha fallecido y les ha dejado mucho dinero a los miembros de tu familia. En su testamento, el tío dijo lo que esperaba que cada uno hiciera con el dinero. Escribe sus deseos.

   Modelo   sobrino: *Con el dinero espero que mi sobrino pueda asistir a la universidad.*

   1. hermano: _____

   2. sobrina: _____

   3. hermana: _____

   4. primos: _____

5. tíos: _____

6. cuñada: _____

C. El subjuntivo con expresiones impersonales

1. Completa las oraciones con la forma correcta del presente del subjuntivo o del indicativo de los verbos entre paréntesis.

   1. Es cierto que las líneas de Nazca, Perú, (ser) _____ impresionantes.

   2. Es dudoso que las líneas (ser) _____ pistas de aterrizaje para extraterrestres.

   3. Es posible que algún día nosotros (saber) _____ el misterio de estas líneas.

   4. Es verdad que los científicos (descubrir) _____ nueva información.

   5. No es seguro que los diseños (formar) _____ parte de un calendario astronómico.

   6. Es de esperar que los turistas les (gustar) _____ visitar las Pampas de Jumana.

   7. Es urgente que yo (hacer) _____ un informe sobre este monumento arqueológico.

   8. Es sorprendente que las líneas de Nazca (tener) _____ más de 1500 años.

2. ¿Qué eventos crees que ocurrirán el próximo año? Completa las oraciones con tus propias opiniones.

   1. Es probable que _____

   2. Es imposible que _____

   3. Es difícil que _____

   4. Es seguro que _____

   5. Más vale que _____

D. Palabras afirmativas y negativas

1. Escribe las oraciones en forma negativa, siguiendo el modelo.

   Modelo   Tengo algo en la caja.
               No tengo nada en la caja.

   1. Hay alguien aquí.

   _____

   2. Hay algo en el vaso.

   _____

   3. Tengo algunos libros interesantes.

   _____

   4. Siempre vas al cine con Carlos.

   _____

5. Hablan francés también.

_____

6. Quieren ir o a la ciudad o al campo.

_____

2. Observa tu pueblo o tu ciudad con un ojo crítico. ¿Qué crees que no pueda gustarle a un visitante? Escribe cinco oraciones con tus observaciones. Usa palabras negativas como **nada, nadie, ninguno, tampoco, nunca,** etcétera.

    Modelo   *Nunca hay nada que hacer.*

1. _____

2. _____

3. _____

4. _____

5. _____

Actividades creativas

A. Las supersticiones

1. Hay algunas personas que tienen creencias y supersticiones que influyen en su manera de vivir. Mira estos dibujos y describe cada creencia que se representa.

1. _____

2. _____

3. _____

© Cengage Learning

4. _____

5. _____

6. Otra superstición o creencia que no esté en los dibujos: _____

_____

2. Indica tu actitud hacia cada una de las supersticiones anteriores *(above)*, usando las frases siguientes.

   Modelo   Es dudoso *que un gato negro traiga mala suerte.*

   Es mejor   Más vale   No es cierto   Es ridículo
   Es dudoso   No creo   No es probable   Es preferible

   1. _____

   2. _____

   3. _____

   4. _____

   5. _____

   6. _____

3. ¿Por qué creen algunas personas en supersticiones? Expresa tu opinión en un párrafo corto.

_____

_____

_____

_____

_____

_____

_____

_____

B. Una encuesta

Recibes una llamada telefónica de una compañía que está realizando una encuesta *(survey)* sobre las cenas en familia. Contesta cada pregunta con una oración completa.

   1. ¿Cenan en familia siempre, algunas veces o nunca?

_____

2. ¿Hay alguien en casa que sepa cocinar?

_____

3. ¿Una cena típica dura veinte o cuarenta minutos?

_____

4. Cuando cenan juntos, ¿cuáles son algunos temas de conversación?

_____

5. ¿Hay algo sobre lo cual nunca hablan, como por ejemplo, política, religión, novios, etcétera?

_____

C. Una tarjeta de felicitación

Imagínate que una prima tuya acaba de tener un bebé. Escríbele unas líneas en la tarjeta de felicitación, para expresarle tus sentimientos y deseos.

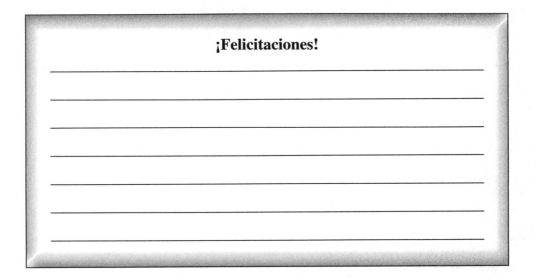

¡Felicitaciones!

Preparación para el examen

A. Listening Tip #6

Recognize oral cognates.

Why is this important?

You've had plenty of practice identifying written cognates—words that look similar in English and Spanish. Oral cognates are a bit more difficult to identify due to the difference in pronunciation but it is an important skill that greatly increases comprehension.

Here's how:

1. Be aware of Spanish pronunciation rules.
   a. There are only 5 vowel sounds: /a/, /e/, /i/, /o/, /u/. Ex. color (kʌlər) → **color** (kolor)
   b. The h is always silent. Ex. alcohol → **alcohol** (alkol)
   c. There is no th, z, or sh sounds in Spanish. Ex. therapy → **terapia**
   d. Words never begin with s. Ex. style → **estilo**
2. Recognize Spanish-English suffix patterns.

-dad	→	-ity	Ex. **nacionalidad**	→	nationality
-ncia	→	-nce	Ex. **paciencia**	→	patience
-mente	→	-ly	Ex. **correctamente**	→	correctly
-esa/-eza	→	-ness	Ex. **franquesa**	→	frankness
-oso	→	-ous	Ex. **estudioso**	→	studious
-ifica	→	-ify	Ex. **modifica**	→	modify

Example

You hear: El concepto de la muerte en el mundo hispánico presenta algunos contrastes interesantes que revelan características básicas de su cultura. Sorprende al norteamericano la continua presencia de la muerte en la vida diaria del hispano. Los anuncios de difuntos en el periódico se hallan frecuentemente en la primera plana para llamar la atención.

You are aware of Spanish pronunciation rules: The "h" in /ispánico/ and /ispano/ is silent.

You recognize suffix pattern: **presencia** → presence; **frecuentemente** → frequently

Your turn!

While you listen to the following excerpt, write down all the cognates you recognize:

 CD 2 TRACK 2

_____

_____

B. Reading Tip #6

Draw conclusions from the information read.

Why is this important?

Writers don't directly state everything. It's up to the reader to draw the appropriate conclusions.

Here's how:

1. Summarize the main points.
2. Figure out the implied information.
3. Reach a reasonable conclusion.

Example

You read: Tal vez sea que los españoles no se lo terminan de creer. Pero lo cierto es que ha sido más que nada la prensa extranjera la que miró con asombro la nueva normativa que, en pocas líneas, acaba de disponer el final de dos instituciones sociales de la sociedad española: la pausa de dos horas para un almuerzo de varios platos y la consecuente siesta.

You summarize: Only the foreign press is surprised at Spain's new law that ends the two-hour lunch and nap.

You figure out the implied information: This new law doesn't surprise Spanish media.

You reach a reasonable conclusion: The two-hour lunch and nap were probably not being followed anymore so the new law is inconsequential.

Your turn!

You read: …«Es una práctica que poco tiene que ver con nuestra sociedad actual y que, sin embargo, nunca se ha modificado. Viene desde la época en que las mujeres casi no trabajaban fuera de casa y los hombres regresaban al hogar para almorzar y descansar», explicaron consultores laborales.

You summarize: _____

_____

*What's the implied information about today's Spanish woman?*_____

_____

Which of the following is a reasonable conclusion?
- **a.** Los hombres van a casa para hacer la siesta.
- **b.** La mayoría de las mujeres trabajan fuera de casa.
- **c.** Las mujeres casi no trabajan fuera de casa.
- **d.** Los trabajadores almuerzan en casa.

C. Writing Tip #6

Use complete sentences.

Why is this important?

Writing complete sentences is essential in expressing your ideas clearly.

Here's how to do it:

1. Make sure to write the first word of the sentence with a capital letter.
2. Include a subject, even if it's understood. The subject is who or what the sentence is about.
3. Include a main verb. A verb is the main action of the sentence or the word that expresses existence.
4. Ask yourself if the sentence expresses a complete thought. Make sure that two complete thoughts are separated by a semi-colon or period: **El televisor es nuevo; sin embargo, no funciona.**
5. Use a period at the end of a complete sentence. For questions and exclamations, remember to use punctuation both at the beginning and end of the sentence: **¿Puedes venir a mi fiesta?**

Example

En Estados Unidos el cuatro de julio se celebra la fecha en que se firmó la Declaración de Independencia. la celebración consiste en desfiles patrióticos, también hay fuegos artificiales. Una ocasión para izar la bandera con orgullo!

Do the first words of the sentences begin with a capital letter? No, "la" needs to be capitalized.

Do the sentences have a subject? Yes

Do the sentences have a verb? No, the last one doesn't have a verb so it's not a complete sentence. Need to add "Es".

Do the sentences express a complete thought? Now the last sentence does, but the second one expresses two complete thoughts. It needs to be separated by a semi-colon.

Is the punctuation correct? No, the inverted exclamation point is missing.

Corrected sentences:

En Estados Unidos el cuatro de julio se celebra la fecha en que se firmó la Declaración de Independencia. La celebración consiste en desfiles patrióticos; también hay fuegos artificiales. ¡Es una ocasión para izar la bandera con orgullo!

Your turn!

Write three sentences in Spanish describing the Fourth of July.

_____

_____

_____

Do the first words of the sentences begin with a capital letter?

Do the sentences have a subject?

Do the sentences have a verb?

Do the sentences express a complete thought?

Is the punctuation correct?

Make any necessary corrections.

D. Speaking Tip #6

When taking notes for your oral presentation, write only the major points.

Why is this important?

You won't have time to write down everything. You need to make your notes as brief as possible.

Here's how to do it:

1. While you listen to the audio source, jot down key words and phrases. Don't write complete sentences.
2. Use abbreviations whenever possible; for example:

$ dinero	+ más	H_2O agua	ej ejemplo	n° número
≠ no es	− menos	xq porque	c/u cada uno	x. sufijo -ción
tmb también	bn bien	flia familia	hnos hermanos	m. sufijo -mente

Example

You hear: Otro grupo lo constituyen los cubanos, con su mayor concentración en el estado de Florida. Muchos de ellos llegaron como refugiados del gobierno revolucionario de Fidel Castro desde 1959. A diferencia de la mayoría de los puertorriqueños, los cubanos generalmente pertenecían a las clases alta y media. Esta fue la razón por la cual estaban preparados para integrarse más fácilmente a la sociedad norteamericana y para establecerse en otras partes de los Estados Unidos, además de la Florida.

You jot down key words and phrases, and you use abbreviations whenever possible:

<u>cubanos</u>   + concentrax. Florida
          refugiados desde 1959
          ≠ PRs xq clases alta y media
          integrarse + fácilm.

Your turn!

While you listen to the first 30 seconds of the following recording, jot down key words and phrases, and use abbreviations whenever possible:

 CD 2 TRACK 4

_____

_____

_____

_____

Examen de práctica

Part A: Listening

Vas a escuchar una selección. Después vas a escuchar una serie de preguntas sobre la selección. Para cada pregunta elige la mejor respuesta de las cuatro opciones escritas.

CD 2 TRACK 3

1.
   a. La muerte es un tabú en los hogares hispanos.
   b. Los niños deben aprender a respetar la muerte.
   c. La muerte está más presente en el mundo hispánico.
   d. Todo el mundo le tiene miedo a la muerte.

2.
   a. Porque no aparecen en primera plana.
   b. Porque no mencionan la palabra «muerte».
   c. Porque en Estados Unidos se evita la muerte.
   d. Porque no hay velorios en casa.

3.
   a. …tener velorios.
   b. …leer un anuncio de difunto.
   c. …que las personas se sorprendan de la muerte.
   d. …tener presente al difunto en un velorio en casa.

4.
   a. Ven a los difuntos en los velorios.
   b. Leen el periódico desde muy jóvenes.
   c. Aprenden sobre la muerte en la escuela.
   d. Cantan canciones sobre los difuntos.

Part B: Reading

Lee el pasaje a continuación con cuidado y contesta las preguntas que siguen. Para cada pregunta elige la mejor respuesta de las cuatro opciones.

En España se despiden de una marca registrada: la siesta

Una norma restringe la pausa que se toman para almorzar

Tal vez sea que los españoles no se lo terminan de creer. Pero lo cierto es que ha sido más que nada la prensa extranjera la que miró con asombro la nueva normativa que, en pocas líneas, acaba de disponer el final de dos instituciones sociales de la sociedad española: la pausa de dos horas para un almuerzo de varios platos y la consecuente siesta.

«The nap is dead»… comentaban ayer, alborozados, medios de prensa de Gran Bretaña, donde cuesta creer que a las cinco de la tarde, cuando allí se sientan a tomar el té, en Madrid la gente apenas se levanta de un almuerzo de trabajo que suele constar de aperitivo, dos platos, postre, café, copa de licor y, ya que estamos, un buen puro.

Por contraste, en mayoría, los grandes medios nacionales apenas si repararon en la norma avalada anteayer, que habilita a la administración central a disponer un nuevo —y revolucionario— horario laboral, con pausa de menos de una hora para el almuerzo y final de la jornada a las 18, como en casi toda Europa.

…«Es una práctica que poco tiene que ver con nuestra sociedad actual y que, sin embargo, nunca se ha modificado. Viene desde la época en que las mujeres casi no trabajaban fuera de casa y los hombres regresaban al hogar para almorzar y descansar», explicaron consultores laborales.

La Nación Online, Buenos Aires

crédito: «En España se despiden de una marca registrada: la siesta», La Nación, Argentina.

5. Antes de la nueva normativa, ¿cuánto tiempo tenían los empleados en Madrid para almorzar?
- **a.** Una hora
- **b.** Dos horas
- **c.** Tres horas
- **d.** Menos de una hora

6. ¿Por qué dice el artículo que es el final de la siesta?
- **a.** Porque es ahora una marca registrada
- **b.** Porque pocas mujeres trabajan fuera de casa
- **c.** Porque los españoles terminan el almuerzo a las cinco
- **d.** Porque la pausa para el almuerzo es ahora menos de una hora

7. Los periódicos de España...
- **a.** denunciaron el nuevo horario laboral.
- **b.** apenas mencionaron la nueva norma.
- **c.** explicaron que la siesta nunca había existido en España.
- **d.** se asombraron ante la hora del té en Gran Bretaña.

8. ¿Cuál es el propósito de la nueva norma?
- **a.** Que España tenga un horario laboral semejante al resto de Europa
- **b.** Que los hombres regresen al hogar para almorzar
- **c.** Que los españoles no duerman tanto
- **d.** Que la siesta sea una marca registrada

9. ¿Qué se puede deducir sobre la sociedad actual de España?
   a. Los hombres van a casa para hacer la siesta.
   b. La mayoría de las mujeres trabajan fuera de casa.
   c. Las mujeres casi no trabajan fuera de casa.
   d. Los trabajadores almuerzan en casa.

Part C: Writing

Lee el tema de la escritura interpersonal. Tu respuesta escrita debe tener un mínimo de 60 palabras.

10. Escíbele una carta a tu amigo colombiano. Imagínate que tu amigo viene a Estados Unidos para el 4 de julio. En la carta, saluda a tu amigo y

- reacciona ante la noticia de su visita
- describe cómo se celebra el Día de Independencia
- deséale buen viaje
- despídete

_____

_____

_____

_____

_____

_____

_____

_____

_____

_____

_____

_____

_____

_____

Part D: Speaking

Vas a dar una presentación oral. Primero, debes leer el siguiente artículo. Luego, vas a escuchar la selección auditiva. Toma apuntes mientras escuchas. Vas a tener dos minutos para preparar tu presentación oral y dos minutos para grabarla.

11. En una presentación oral, compara y contrasta los Voladores de Papantla y los castells de Cataluña.

Fuente No. 1

Los Voladores de Papantla

Pregunte a cualquier persona que haya ido a Papantla lo que los impresionó mas, y dirán, «Los Voladores». Para aquellos que nunca [han] estado en la costa de Veracruz, o aún en México, esta es una tradición que se realiza en México pero que se ha difundido por todo el mundo. Los voladores se han presentado en los Estados Unidos, e igual en París y Madrid que en Tokio y Moscú. ¿Así pues, quiénes son los Voladores, y porqué son famosos?

Es impresionante ver el espectáculo de cuatro hombres literalmente «volando» al utilizar de un poste de 30 metros asegurados solamente por una cuerda atada alrededor de sus cinturas.

Lo que sorprende más es el músico, llamado el Caporal que se balancea en una plataforma de madera estrecha sin una red o cuerda de seguridad. El Caporal toca un tambor y una flauta e invoca un ofrecimiento espiritual antiguo en la forma de una danza espectacular.

Si Ud. presencia la ceremonia verá que ¡el Caporal se eleva en las alturas para hacer frente a las cuatro direcciones cardinales, se inclinará y abrirá sus brazos, mantendrá el balance sobre un pie, y realizará una danza enérgica, al mismo tiempo que toca la flauta y el tambor! No importa cuantas veces lo vea, siempre será un espectáculo hermoso, cuyo asombro y sonido de la flauta y del tambor permanecerán con usted largo tiempo después de que haya vuelto a casa.

La historia del vuelo ceremonial de los Voladores se cubre en las nieblas de la antigüedad. La información sobre el ritual original fue perdida parcialmente cuando los conquistadores invasores de España destruyeron muchos de los documentos y de los códices de las culturas indígenas. Afortunadamente, bastante ha sobrevivido gracias a la historia oral y a los materiales escritos por los primeros visitantes a la Nueva España, gracias a ello los antropólogos y los historiadores han podido documentar por lo menos parte de la historia de esta práctica religiosa antigua y cómo se ha desarrollado con el tiempo.

Hoy, la gente de Totonaca realiza el vuelo de los Voladores por varias razones. Primero, mantiene una parte de su orgullo y cultura tradicional viva. En segundo lugar, proporciona una renta adicional para los Voladores y sus familias. Normalmente se pide una donación una vez terminado cada vuelo. También se efectúan los vuelos con frecuencia los fines de semana y por las tardes en las plazas de las localidades totonacas, así como en festividades importantes para este pueblo. Y finalmente, proporciona un sentido del orgullo de raza. Como otras danzas y música folklórica alrededor del mundo, es una manera de celebrar la herencia cultural y la diversidad.

Los Voladores son una fuente de gran orgullo para los habitantes del Totonocapan —la región del Totonaca. En Papantla, el centro mundial de la industria de la vainilla, hay una estatua de un Volador de piedra grande que mira hacia abajo en la ciudad a partir del uno de los puntos más altos. Los Voladores son un testimonio vivo de los antepasados Totonacas que fundaron Papantla en el año 1200 y que continúa manteniendo la herencia cultural riquísima de esta región de México.

Giovana Álvarez

crédito: «Los Voladores de Papantla»

Fuente No. 2

 CD 2 TRACK 4

«Los castells»

UNIDAD 7

Aspectos económicos de Hispanoamérica

Actividades de gramática

A. El subjuntivo en cláusulas adjetivales

1. Completa las oraciones con la forma correcta de los verbos entre paréntesis. Usa el indicativo o el subjuntivo, según el antecedente que la cláusula adjetival modifique.

1. Busca un empleo que (ser) _____ bueno.

2. No hay ninguna tierra que (valer) _____ más que esta.

3. No conozco a nadie que se (haber) _____ mudado a la capital.

4. Estoy seguro de que hay alguien que (querer) _____ comprar la choza.

5. La señora Ortiz quiere un vestido que (ser) _____ hecho a mano.

6. He leído un libro que (tratar) _____ de la situación económica.

7. El jefe quiere emplear a una secretaria que (saber) _____ español.

8. Su padre quiere una vida que (ofrecer) _____ más oportunidades.

9. Mi hermano quiere vender el coche que él (conducir) _____ ahora.

10. Conocemos a una mujer que (poder) _____ decirnos la verdad.

11. Buscamos un restaurante que (servir) _____ comida peruana.

12. ¿Hay un cine que (dar) _____ películas en español?

13. Hay necesidad de alguien que (saber) _____ de ingeniería.

14. Buscan a un maestro que lo (explicar) _____ bien.

2. Trabajas para una compañía nueva que exporta e importa productos entre Hispanoamérica y Estados Unidos. Haz una lista de ocho cosas que esta compañía nueva necesita. Usa cláusulas adjetivales y el subjuntivo.

Modelo   Necesitamos...
             (personas) *Necesitamos personas que quieran invertir dinero en la compañía.*

Necesitamos...

1. (un edificio) _____ .

2. (empleados) _____ .

3. (una secretaria) _____.

4. (un gerente) _____.

5. (anuncios) _____.

6. (un préstamo) _____.

7. (vendedores) _____.

8. (clientes) _____.

B. El subjuntivo y el indicativo con expresiones indefinidas

1. Completa las oraciones con la forma correcta de los verbos entre paréntesis. Usa el indicativo o el subjuntivo, según la expresión indefinida.

1. Cualquier persona que (tener) _____ ese número, ganará.

2. Por muy rico que (ser) _____, él nunca gasta mucho dinero.

3. Cuando quiera que ellos (salir) _____, estaré contenta.

4. Dondequiera que Uds. (ir) _____, ella querrá ir también.

5. Por muy enferma que ella (estar) _____, no quiere ver a un médico.

6. Por caro que (ser) _____, lo compraré.

7. Comoquiera que tú lo (hacer) _____, me gustará.

8. Adondequiera que nosotros (ir) _____, siempre nos encontramos con Julián.

2. ¡Es hora de inventar proverbios y refranes! Completa las oraciones con tus propias ideas. ¡Sé creativo(a)!

Modelo Por mucho dinero que... *tengas, siempre necesitarás más.*

1. Por muy difícil que... _____

2. No por madrugar... _____

3. Dondequiera que... _____

4. Cualquier cosa que... _____

5. Por muy pobre que... _____

C. *Por* y *para*

1. Completa las oraciones con **por** o **para,** según el contexto.

1. Me tomaron _____ extranjero.

2. Salimos mañana _____ la capital.

3. _____ un hombre de sesenta años, baila bien.

4. Fue a la lechería _____ leche.

5. Nos quedan tres artículos _____ leer.

6. Todos los domingos nos paseamos _____ las montañas.

7. Les mandó la carta _____ avión.

8. La comida fue preparada _____ el cocinero francés.

9. Es una caja _____ joyas.

10. Ella estudia _____ pianista.

11. Vendieron la choza _____ 800 pesos.

12. Cuando estoy en la ciudad siempre la llamo _____ teléfono.

13. Los campesinos lo hicieron _____ su patrón.

14. Roberto tiene un regalo _____ su novia.

15. Lo leí _____ él porque era analfabeto.

16. Son las ocho y todos están listos _____ salir.

17. Tenían que vender la casa _____ no tener dinero _____ pagar el alquiler.

18. Tenemos que terminar la composición _____ el viernes.

19. Todos mis amigos están _____ ir a España el año que viene.

20. Ellos sufren mucho _____ ser tan pobres.

21. La música es _____ todos.

22. La tarea todavía está _____ terminar.

23. La vi anoche _____ primera vez.

24. Tengo aquí una florero de plata _____ las rosas.

2. Les estás pidiendo $300 a tus padres (o a tus abuelos). Primero completa las preguntas que te hacen con **por** o **para;** luego escribe las respuestas a las preguntas.

1. ¿_____ qué necesitas trescientos dólares?

_____

2. ¿_____ cuándo necesitas el dinero?

_____

3. Te damos el dinero si trabajas _____ nosotros, ¿de acuerdo?

_____

4. ¿_____ cuántas horas estarías dispuesto(a) a trabajar?

_____

5. ¿Prefieres trabajar _____ las mañanas o por las tardes?

_____

6. De acuerdo. Tendrás los trescientos dólares _____ mañana. ¿Alguna pregunta _____ nosotros?

_____

D. Pronombres preposicionales

1. Completa cada oración con un pronombre preposicional.

  1. Los estudiantes no pueden estudiar sin *(los libros)* _____.

  2. Quieren ir al cine con *(mi amigo y yo)* _____.

  3. Entre *(tú y yo)* _____ tenemos suficiente dinero para las entradas.

  4. Mis amigos quieren comer sin *(yo)* _____.

  5. Tu tío no puede jugar con *(tú)* _____ ahora.

  6. Ella no quiere mudarse a la ciudad sin *(su esposo)* _____.

2. Completa cada oración con un pronombre preposicional reflexivo, usando la forma correcta de **mismo.**

  1. Los campesinos lo hacen para _____.

  2. La señora preparó la comida para _____.

  3. Las mujeres estaban descontentas de _____.

  4. El profesor nunca habló de _____.

  5. Los estudiantes estudian por _____.

3. Contesta las preguntas, usando pronombres preposicionales.

  1. ¿Puedes vivir sin la tecnología?

  _____

  2. ¿Pasas más de dos horas enfrente de la computadora?

  _____

  3. ¿Te gusta estudiar con tus amigos?

  _____

  4. ¿Prefieres cantar enfrente de tus parientes o para ti mismo(a)?

  _____

  5. ¿Cuándo te sientes molesto(a) contigo mismo(a)?

  _____

Actividades creativas

A. La pobreza

El 17 de octubre es el Día Mundial de la Pobreza. Para celebrar este día, tú y tus amigos crean cuatro carteles: cada uno debe indicar algo que los pobres necesitan para mejorar su vida.

Modelo   *Los pobres necesitan una educación que sea buena.*

B. Autoestudio: ¿soy derrochador, moderado o ahorrador?

Hay algunas personas que son muy conservadoras y compran solamente lo que necesitan para sobrevivir. En cambio, hay otras que quieren comprar cualquier cosa que les guste; no tratan de ahorrar dinero. ¿Qué tipo de consumista eres tú? Primero, crea cinco preguntas sobre actitudes hacia el dinero y los gastos. Luego, respóndelas con honestidad. Finalmente, según tus respuestas, concluye si eres derrochador, moderado o ahorrador y explica por qué.

1. ¿_____?

_____

2. ¿_____?

_____

3. ¿_____?

_____

4. ¿_____?

_____

5. ¿_____?

_____

Resultado: Yo soy _____

porque _____.

D. El campo y la ciudad

Describe detalladamente la escena de la ciudad y la escena del campo. Menciona por lo menos tres diferencias.

© Cengage Learning

_____

_____

_____

_____

_____

_____

_____

_____

Preparación para el examen

A. Listening Tip #7

Determine the purpose of the conversation.

Why is this important?

The purpose is the reason the speakers are engaged in a conversation. It tells you what the speakers are trying to do.

Here's how:

1. Determine where the dialogue takes place and between whom.
2. Pay careful attention to the first lines where the topic of conversation is usually revealed.
3. Listen for functional expressions. For example,
   a. to explain: **por eso, es decir, por ejemplo**
   b. to express an opinion: **creo que, me parece que**
   c. to suggest: **¿qué te parece si...?, ¿por qué no...?**
   d. to apologize: **lo siento mucho, perdón, disculpa**

Example

You hear:

PEDRO: Te prohíbo que trabajes, mujer. Estaba pensando una cosa, ¿sabes?
          ¿Por qué no nos mudamos a la capital? Allí puedo buscar un trabajo que pague bien.

TERESA: Pero, Pedro, ¿qué hacemos con la casa? ¿Y si no encuentras algo?
          Me siento más segura aquí; al menos tenemos techo—pobre tal vez, pero seguro.

PEDRO: ¿No quieres que tus hijos tengan más oportunidades que nosotros?
          Aquí no hay nada que valga la pena… Y será mejor para ti también.

You determine where the dialogue takes place and between whom: It's not clear where it takes place but it's most likely between a husband and wife.

You pay attention to the first lines: He asks why they don't move to the capital.

You listen for functional expressions: ¿Por qué no...?, ¿No quieres...?, será mejor

You determine the purpose of the conversation: The husband tries to persuade his wife to move to the capital.

Your turn!

Listen to the following excerpt.

 CD2 TRACK 5

You determine where the dialogue takes place and between whom: _____

You pay attention to the first lines: _____

You listen for functional expressions: _____

You determine the purpose of the conversation: _____

B. Reading Tip #7

Figure out the setting of the story.

Why is this important?

Setting is a very important element of a story. It tells you when and where events take place and it sets the mood for the story. In some stories, it even becomes a character.

Here's how:

1. Look at the verb forms; this will indicate time (present, past, or future).
2. Look for names of places; this will indicate place.
3. Pay attention to details that paint a picture of the sights, sounds, and smells of the place.

Example

You read: Dos días en Brooklyn y ya les gustaba todo lo que tenía que ver con los Estados Unidos. Tata los cuidaba mientras Mami y yo estábamos de compra. Los sentaba enfrente del televisor blanco y negro, les daba a cada uno un dulce de chocolate y les dejaba pasar el día mirando muñequitos, mientras ella se sentaba a beber cerveza y fumar cigarrillos.

You look at the verb forms: gustaba, cuidaba, sentaba... The imperfect forms indicate that the story takes place in the past.

You look for names of places: Brooklyn, Estados Unidos

You pay attention to details: "televisor blanco y negro" indicates that the story takes place before the 1960s; the room was probably smoke-filled because Tata would "fumar cigarillos"

Your turn!

You read: En la *marqueta*, casi todos los negociantes eran judíos, sólo que éstos trabajaban en manga de camisa, y con un pañito redondo en la cabeza. Muchos de ellos hablaban español, tal que Mami podía negociar el precio de todo.

    —Nunca debes pagar el primer precio que te dicen —me enseñó—. A ellos les gusta regatear.
Fuimos de puesto en puesto, regateando por todo lo que seleccionábamos. Los negociantes siempre hacían como que nosotras los estábamos embaucando, pero Mami decía que todo era muy caro.

You look at verb forms and determine time frame: _____

You look for name of a place: _____

You pay attention to details to determine what "marqueta" is: _____

_____

C. Writing Tip #7

Use accent marks correctly.

Why is this important?

In Spanish, a word is not spelled correctly if an accent mark is missing or an accent mark is placed over a word that does not need it. In some instances, the presence or absence of an accent mark can also change the meaning of a word.

Here's how to do it:

1. If the stress of the word falls in the last syllable, write an accent mark over the last vowel only if the word ends in **-n, -s,** or **a** vowel. Ex. **acción, café,** BUT **papel**

2. If the stress of the word falls in the penultimate (next-to-last) syllable, write an accent mark over the vowel only if the word ends in a consonant other than **–n** or **–s.** Ex. **lápiz, árbol,** BUT **comen**

3. If the stress of the word falls more than two syllables from the end of the word, always write an accent mark over the vowel: **teléfono, dígamelo, rápidamente**

4. When **i** or **u** (weak vowel) is followed by **a, o,** or **e** (strong vowel) and they carry the main stress of the word, write an accent mark over it. Ex. **día, continúa,** BUT **junio**

5. If the word is an exclamatory or question word, write an accent mark over the last vowel of the stressed syllable. Ex. **¿Adónde? ¡Cómo!** BUT **Es adonde siempre voy.**

6. Monosyllabic words are never written with an accent mark unless they are homonyms.

   de *(of)* — **dé** *(give)*   **si** *(if)* — **sí** *(yes)*

   el *(the)* — **él** *(he)*   **te** *(you)* — **té** *(tea)*

   mi *(my)* — **mí** *(me)*   **tu** *(your)* — **tú** *(you)*

Example

You write accent marks over the words that need them:

Querido Tomas: ¿Que tal? Espero que estes super bien.

The stress of Querido *falls on the second-to-last syllable but it doesn't end in a consonant so it doesn't need an accent mark.*

The stress of Tomas *falls on the last syllable and it ends in -s so it does need an accent mark.*

Que *is a question word so it also needs an accent mark.*

tal *is monosyllabic so it doesn't need an accent mark.*

The stress of espero *falls on the second-to-last syllable but it doesn't end in a consonant so it doesn't need an accent mark.*

que *in this instance is not a question word so it doesn't need an accent mark.*

The stress of estes *falls on the last syllable and since it ends in -s it needs an accent mark.*

The stress of super *falls on the second-to-last syllable and since it ends in a consonant other than -n or -s, it also needs an accent mark.*

The i *in* bien *is not stressed so it doesn't need an accent mark.*

Querido Tomás: ¿Qué tal? Espero que estés súper bien.

Your turn!

Write accent marks over the words that need them:

Me gustaria que me acompañes al nuevo gran almacen. Podemos ir el sabado u otro dia que puedas.

D. Speaking Tip #7

Try to use the subjunctive.

Why is this important?

In order to obtain a high score, you need to demonstrate your ability to use complex grammatical structures.

Here's how to do it:

1. Express your feelings using **Siento mucho que / Me alegra mucho que / Temo que / Me preocupa que / Me sorprende que** + subjunctive.

2. Express wishes using **Ojalá que / Espero que** + subjunctive.

3. Express doubts using **Dudo que / No creo que / Es improbable que** + subjunctive.

4. Make recommendations using **Recomiendo que / Aconsejo que** + subjunctive.

5. Review the subjuctive forms regularly to make sure you master all the forms.

Example

You hear: Pronto vamos a celebrar el Día Internacional para la Erradición de la Pobreza. Como sabes, la pobreza es un problema mundial y me gustaría que nuestra clase hiciera algo para ayudar a los pobres. ¿Te parece buena idea?

You express your feelings using the subjunctive: Sí, profesora, ¡es una idea excelente! Me alegra mucho que usted quiera ayudar a los pobres. A mí y a mis compañeros de clase nos preocupa que haya tanta pobreza en el mundo. Sería muy bueno organizar un evento para enfrentar este desafío mundial.

Your turn!

You hear: Me alegro que te guste la idea. Entonces, dime, ¿qué puede hacer la clase para ayudar a los pobres?

You make recommendations using the subjunctive: _____

_____

_____

Examen de práctica

Part A: Listening

Vas a escuchar una selección. Después vas a escuchar una serie de preguntas sobre la selección. Para cada pregunta elige la mejor respuesta de las cuatro opciones escritas.

 CD2 TRACK 6

1.
   a. Convencer de que hablen en la lengua de Cervantes
   b. Conseguir que el Sr. Galván invierta en las compañías españolas
   c. Informarse sobre la expansión económica de España
   d. Intercambiar opiniones sobre el turismo en España y Cuba

2.
   a. Porque el trabajo es para una clase de español
   b. Porque el profesor no habla inglés
   c. Porque el estudiante es colombiano
   d. Porque Cervantes fue un gran economista

3.
   a. Cuando invirtió en la Argentina
   b. Cuando desarrolló la industria turística
   c. Cuando desarrolló el tren de alta velocidad
   d. Cuando hizo un trato con Washington

4.
   a. Solamente en América Latina
   b. Principalmente en los Estados Unidos
   c. En las colonias españolas
   d. En las Américas

Part B: Reading

Lee el pasaje a continuación con cuidado y contesta las preguntas que siguen. Para cada pregunta elige la mejor respuesta de las cuatro opciones.

En la *marqueta*, casi todos los negociantes eran judíos, sólo que éstos trabajaban en manga de camisa, y con un pañito redondo en la cabeza. Muchos de ellos hablaban español, tal que Mami podía negociar el precio de todo.

—Nunca debes pagar el primer precio que te dicen —me enseñó—. A ellos les gusta regatear.

Fuimos de puesto en puesto, regateando por todo lo que seleccionábamos. Los negociantes siempre hacían como que nosotras los estábamos embaucando, pero Mami decía que todo era muy caro.

—Nunca compres lo primero que ves, porque lo vas a encontrar más barato más abajo.

Era un juego: los negociantes pidiendo más dinero de lo que Mami quería pagar, pero los dos sabiendo que, después de todo, ella soltaría sus monedas y ellos las cogerían. No tenía sentido. Se nos fue el día en comprar las cosas que necesitábamos para el apartamento. Si hubiera ella gastado menos tiempo buscando gangas, hubiéramos comprado más. Pero terminamos con mitad de las cosas que necesitábamos, y estábamos cansadas e irritadas cuando llegamos a casa. Habíamos pasado nuestro primer día en New York regateando por gangas.

El segundo día fue igual.

—Tenemos que comprarte un abrigo y ropa para la escuela —dijo Mami.

El invierno vendría pronto, dijo Tata, y con él, vientos helados, tormentas de nieve y días cortos.

—El primer invierno siempre es el peor —explicó Don Julio— porque la sangre todavía está rala de estar viviendo en Puerto Rico.

Me imaginé a mi sangre espesándose hasta que pareciera siró, pero no sabía cómo eso me iba a mantener caliente.

—Ojalá que nieve pronto —chirrió Edna.

—¡Ay, sí! —exclamó Raymond.

Dos días en Brooklyn y ya les gustaba todo lo que tenía que ver con los Estados Unidos. Tata los cuidaba mientras Mami y yo estábamos de compra. Los sentaba enfrente del televisor blanco y negro, les daba a cada uno un dulce de chocolate y les dejaba pasar el día mirando muñequitos, mientras ella se sentaba a beber cerveza y fumar cigarrillos.

—¡Qué bien se portan esos nenes! —felicitó a Mami cuando regresamos—. Ni un pío de ellos todo el día.

Cuando era puertorriqueña (fragmento)
Esmeralda Santiago

crédito: *Cuando era puertorriqueña*, by Esmeralda Santiago, introducción y traducción copyright © 1994 by Random House Inc. Used by permission of Vintage Español, a division de Random House Inc. Copyright © 2006 Esmeralda Santiago. Reprinted by permission of Di Capo Press, a member of Perseus Books Group.

5. ¿Qué tipo de obra es la lectura?
   a. Una crónica
   b. Una obra de teatro
   c. Una obra informativa
   d. Un cuento autobiográfico

6. ¿Qué es la «marqueta»?
   a. Un mercado
   b. Una tienda de gangas
   c. Un vecindario de judíos
   d. Un modelo reducido en tamaño

7. ¿Por qué van la narradora y su mamá de compras?
   a. Porque acaban de llegar a Nueva York y necesitan cosas para el apartamento
   b. Porque están muy aburridas y no les gusta mirar muñequitos
   c. Porque van a pasar el invierno en Puerto Rico y necesitan ropa
   d. Porque la mamá quiere enseñarle a la narradora el arte de regatear

8. ¿Qué piensa la narradora sobre el regateo?
   a. Es la única forma de conseguir gangas.
   b. Es una forma ineficiente de comprar.
   c. Es algo en que los judíos son mejores que los puertorriqueños.
   d. Es el arte de negociar.

9. ¿Quiénes están felices de que llegue el invierno?
   a. Los judíos
   b. Edna y Raymond
   c. Don Julio y Tata
   d. La narradora y su mamá

10. ¿Qué podemos inferir sobre la narradora?
    a. Le gusta mucho la nieve.
    b. No conoce a su madre.
    c. Es joven.
    d. Es rica.

Part C: Writing

Lee el tema de la escritura interpersonal. Tu respuesta escrita debe tener un mínimo de 60 palabras.

11. Escríbele un mensaje electrónico a un(a) amigo(a). Imagínate que acabas de regresar del centro comercial. En el mensaje, saluda a tu amigo(a) y/e

    • dile lo que hiciste en orden cronológico
    • cuéntale cuánto dinero gastaste
    • expresa tu opinión sobre el centro comercial
    • invítalo(a) a ir de compras contigo el próximo fin de semana

_____

_____

_____

_____

_____

_____

_____

_____

_____

_____

_____

_____

_____

_____

Part D: Speaking

Vas a participar en una conversación simulada. Primero, lee la situación y el esquema de la conversación. Después, empieza la grabación. Participa en la conversación según el esquema. Una señal indicará cuándo debes empezar y terminar de hablar. Tendrás 20 segundos para grabar cada una de tus respuestas.

12. Imagínate que hablas con tu profesora sobre el Día Internacional para la Erradicación de la Pobreza.
CD2 TRACK 7

PROFESORA:	• Menciona el Día Internacional para la Erradicación de la Pobreza y te pide tu opinión.
TÚ:	• Responde afirmativamente.
	• Explica por qué.
PROFESORA:	• Te hace una pregunta.
TÚ:	• Da algunas recomendaciones.
PROFESORA:	• Reacciona a tus comentarios y te hace una pregunta.
TÚ:	• Responde con bastantes detalles.
PROFESORA:	• Te hace otra pregunta.
TÚ:	• Responde negativamente.
	• Ofrece una alternativa.
PROFESORA:	• Termina la conversación.
TÚ:	• Haz un resumen de lo que decidieron.
	• Despídete.

UNIDAD 8

Los movimientos revolucionarios del siglo xx

A. El subjuntivo en cláusulas adverbiales

1. Completa cada oración con la forma correcta del indicativo o del subjuntivo del verbo entre paréntesis.

1. Ella trabajará duro para que sus hijos no (pertenecer) _____ a la clase baja.

2. Los criminales escaparon antes de que nosotros (poder) _____ llamar a la policía.

3. Siempre hay peligro cuando (existir) _____ injusticia social.

4. Dijo que seguirían protestando hasta que (eliminar) _____ la deuda externa.

5. Cuando yo (visitar) _____ México, compraré muchas cosas hechas a mano.

6. Mientras los trabajadores (estar) _____ en huelga, tendremos que cerrar la fábrica.

7. Trabajaremos hasta que ellos (venir) _____.

8. Tan pronto como él (recibir) _____ el cheque, pagará la cuenta.

9. Cuando mi hermana va de compras, siempre (comprar) _____ un vestido nuevo.

10. Luego que ellos lo (encontrar) _____, lo secuestraron.

11. Él durmió hasta que su empleada lo (despertar) _____.

12. Cuando mis amigos (dar) _____ una fiesta, me invitan.

13. Queremos comer antes de que ellos (irse) _____.

14. Siempre van a la playa cuando (estar) _____ de vacaciones.

15. Estudiarán hasta que (haber) _____ aprendido todo.

16. El alcalde era feliz mientras (ejercer) _____ su autoridad.

17. Los guerrilleros no descansarán hasta que (vencer) _____.

18. Los pobres lucharán hasta que (conseguir) _____ sus derechos civiles.

19. El padre no trabajará en la fábrica después de que su hijo (graduarse) _____.

20. Tan pronto como la policía (anunciar) _____ el nombre del secuestrado, podremos hacer algo para encontrarlo.

21. Hablaré con ellos cuando (volver) _____ del campo.

22. Ella dijo que podría reconocerlo tan pronto como lo (ver) _____.

23. Celebrarán cuando (tener) _____ éxito.

24. Iremos a las montañas tan pronto como (hacer) _____ buen tiempo.

25. Vamos a salir tan pronto como Carlos (afeitarse) _____.

2. Eres periodista y acabas de regresar de una entrevista con un dictador, el cual prometió hacer reformas políticas y sociales en su país. Reporta las condiciones bajo las cuales te dijo que llevaría a cabo las reformas.

   Modelo   *Dijo que iniciaría reformas cuando se terminara el terrorismo.*

   1. Dijo que liberaría a los prisioneros políticos tan pronto como _____

   2. Dijo que habría elecciones libres en cuanto _____

   3. Dijo que cooperaría con la Iglesia después de que _____

   4. Dijo que empezaría a hacer reformas sociales cuando _____

   5. Dijo que crearía más trabajos para los pobres tan pronto como _____

   6. Dijo que construiría más escuelas cuando _____

   7. Dijo que apoyaría una nueva reforma agraria cuando _____

   8. Dijo que establecería mejores relaciones con los Estados Unidos tan pronto como _____

   _____

B. Los pronombres recíprocos

1. Completa cada oración con una forma de **uno... otro.**

   Modelo   *Ellos se engañaron los unos a los otros.*

   1. Nosotros nos texteamos _____.

   2. Miguel y Selena se aman _____.

   3. Marta y Valentina se quejan _____.

   4. Los vecinos se preocupan _____.

   5. Ambos bandos sospechan _____.

2. Completa las oraciones con los nombres de personas que conoces y con acciones recíprocas.

   Modelo   *Trevor y yo nos saludamos todos los días en la escuela.*

   1. _____ todos los días en la escuela.

   2. _____ dos veces por semana.

   3. _____ durante la clase.

4. _____ cuando se ven en el pasillo.

5. _____ con las lecciones diarias.

C. El uso del *se* para eventos inesperados

1. Cambia las oraciones para indicar eventos inesperados.

> **Modelo** Nos olvidamos de la tarea.
> *Se nos olvidó la tarea.*

1. Perdí la nota de la maestra. _____

2. Enrique rompió la lámpara. _____

3. Nos olvidamos votar. _____

4. Te olvidaste del paraguas. _____

5. Ellos perdieron el dinero. _____

2. Completa con una construcción reflexiva que tenga lógica.

1. _____ la llave.

2. _____ los platos nuevos.

3. _____ una buena idea.

4. _____ el papel higiénico.

5. _____ la mochila en casa.

D. La voz pasiva

1. Cambia las oraciones de la voz activa a la voz pasiva.

> **Modelo** Mabel escribió la carta.
> *La carta fue escrita por Mabel.*

1. La FARC secuestró al ministro.

_____

2. Los aztecas construyeron muchas pirámides grandes.

_____

3. El señor Martínez escribió el artículo.

_____

4. El profesor castigó a los estudiantes.

_____

5. La dictadura oprimió al país.

_____

2. Cambia las oraciones usando el **se** pasivo.

> **Modelo**   El kiosco vende periódicos todos los días.
> *Se venden periódicos todos los días.*

1. El niño pule zapatos y botas.

_____

2. Ellos habían anunciado la manifestación.

_____

3. El agente mostrará la casa.

_____

4. Francisco arregla sillones rotos.

_____

5. Los secuestradores demandan el rescate.

_____

3. Contesta las preguntas sobre las últimas elecciones presidenciales, usando la voz pasiva.

1. Antes de las elecciones, ¿quién gobernó el país?

_____

2. ¿A quién seleccionó el partido Demócrata como su candidato?

_____

3. ¿En qué año elegimos nuestro presidente?

_____

4. ¿Quién fue investido *(sworn in)* como nuevo presidente?

_____

Actividades creativas

A. Problemas mundiales

Eres ponente *(speaker)* en un congreso internacional de juventud. El tema de tu discurso es «El mundo será un mejor sitio para vivir». Antes de escribir tu discurso, haz una lista de tus ideas. Usa conjunciones adverbiales como **cuando, tan pronto como, después que, en cuanto,** etcétera para expresar tus opiniones.

Sugerencias: los gobiernos / hacer esfuerzos para proteger la naturaleza
todos los seres humanos / ser más responsables
los jóvenes / hacerse más activos
los niños / no tener hambre
la gente / tener acceso a agua limpia
¿ ?

Modelo   *El mundo será mejor cuando la gente se preocupe de...*

El mundo será mejor...

1. _____

2. _____

3. _____

4. _____

5. _____

6. _____

7. _____

8. _____

B. Exigencias de los estudiantes

¿Qué quisieras cambiar en tu escuela? Piensa en el reglamento, el horario, la cafetería, las actividades extracurriculares, el número de estudiantes, las clases que ofrecen, etcétera. Como representante de tu curso, te toca hablar con el director (o la directora) de la escuela y exigir ciertos cambios. Escribe las exigencias *(demands)* de los estudiantes aquí.

_____

_____

_____

_____

_____

_____

_____

C. Guía turista

Un grupo de estudiantes centroamericanos ha llegado a tu comunidad y tú eres el guía designado. ¿Qué lugares les muestras? Haz una lista de cinco lugares (por ejemplo, un parque, un edificio importante, tu restaurante favorito, etcétera). Al lado de cada sitio, escribe una descripción breve. Usa la voz pasiva cuando sea adecuado.

1. _____

2. _____

3. _____

4. _____

5. _____

D. Un barrio pobre

Estudia el dibujo y describe detalladamente lo que se ve en la escena. Indica una condición que ves en el dibujo que puede causar revoluciones. Luego compara las condiciones de esta escena con las condiciones que existen en tu pueblo o en tu ciudad.

_____

_____

_____

_____

_____

_____

_____

_____

_____

_____

Preparación para el examen

A. Listening Tip #8

Use your cultural knowledge of the Spanish-speaking world.

Why is this important?

What you know about history, art, music, education, religion, food, etc. helps you make connections between the listening passage and the world. This in turn improves comprehension.

Here's how to do it:

1. If the nationalities of the speakers are revealed, think about what you know about that region.
2. If a proper name (other than the speaker) is mentioned, think about why this person is famous.
3. Continue to make as many connections as you can between what the speakers mention and what you already know about that topic.

Example

You hear:

RUDI: ¿Y qué ciudades del interior nos recomiendas?

CARLOS: Pues, hay varias interesantes entre la capital y Yucatán. Oaxaca, por ejemplo, es muy bella y las ruinas de Monte Albán están muy cerca.

RUDI: Benito Juárez nació en Oaxaca, ¿verdad?

CARLOS: Sí. Y si quieres ver otras ruinas, puedes ir a Palenque. Y luego a Villahermosa, Mérida, Uxmal y Chichén Itzá.

You listen for nationalities: None given

You listen for proper names (other than speakers) and think why they're famous: Benito Juarez—he was a famous Mexican president and reformer. Many places are named after him, for example, Ciudad Juarez.

You make other connections: Yucatan, Oaxaca, Palenque, Merida, Uxmal, Chichen Itza are all places in Mexico. Many of them have ancient ruins.

Your turn!

Listen to the following excerpt:

🔊 CD2 TRACK 8

You listen for nationalities: _____

You listen for proper names (other than speakers) and think why they're famous:

_____

_____

You make other connections: _____

_____

B. Reading Tip #8

Identify metaphors.

Why is this important?

A metaphor is a literary device that is often used in literature, especially in poetry. It is a way to describe something or someone by drawing a relationship with another concept or person. Life is journey, for instance, is a metaphor. Calling a person a night owl is also using a metaphor.

Here's how to do it:

1. When you see the construction *a is b*, be alert that it is probably a metaphor.
2. Be aware that many metaphors don't follow the *a is b* structure. Oftentimes, one noun is replaced by another. In these instances, find who or what is being substituted. The answer is usually the subject of the piece of writing.
3. Ask yourself what images the metaphor evokes.

Example

You read:

Los Estados Unidos son potentes y grandes.

Cuando ellos se estremecen hay un hondo temblor

que pasa por las vértebras enormes de los Andes.

You see the construction a is b: "Los Estados Unidos son potentes y grandes" is not an *a is b* construction—and therefore, not a metaphor—because "potentes y grandes" are adjectives, not nouns.

You are aware of noun substitutions: "vértebras" is a metaphor because the Andes mountains don't have vertabrae; it replaces mountain peaks

You ask yourself what images the metaphor evokes: All the Andes mountains are connected to each other, like the vertebrae. And at the top of them is the skull, in this case, the United States. Not only does the image of bones evoke connectivity but also death.

Your turn!

You read:

Oda a Roosevelt

Es con voz de la Biblia, o verso de Walt Whitman

que habría de llegar hasta ti, Cazador,

primitivo y moderno, sencillo y complicado,

con un algo de Washington y cuatro de Nemrod.

Is there an a is b *construction?* _____

Is there a common noun used as a proper noun? Which one? _____

Who does it replace? (hint: read the title) _____

What image does "cazador" evoke? _____

C. Writing Tip #8

Use expressive verbs.

Why is this important?

By using expressive verbs, you provide detail and enliven your writing.

Here's how to do it:

1. Instead of using the common verb **decir,** use one of the following: **afirmar, anunciar, confesar, cuchichear, expresar, protestar, reprochar, revelar, señalar, susurrar.**

2. Substitute common verbs like **ir, gustar, comer** with more interesting ones: **conducir/dirigirse, deleitar/fascinar, saborear/tragar.**

3. If possible, embed the description in a noun clause instead of using **ser** + adjective. For instance, **La acojedora casa** sounds better than **La casa que era acojedora.**

Example

A los estudiantes les gustan los pantalones vaqueros porque estos son muy cómodos. Ellos dicen que son sus prendas preferidas.

You replace dicen *with* confiesan.

You substitute gustan *with* fascinan.

You embed son muy cómodos: los pantalones vaqueros por su comodidad

You use expressive verbs: A los estudiantes les fascinan los pantalones vaqueros por su comodidad. Ellos confiesan que son sus prendas preferidas.

Your turn!

Rewrite the following with more expressive verbs:
Algunos estudiantes dicen que el almuerzo es demasiado corto. Apenas terminan de comer cuando suena la campana que es muy ruidosa.

_____

_____

_____

D. Speaking Tip #8

Make your oral presentation well organized.

Why is this important?

Just like a written essay, an oral presentation needs to be well organized so it's clear and cohesive.

Here's how to do it:

1. Begin with an introduction. Say what you are going to talk about and why it is meaningful.

2. Choose between a block or alternating structure.
   a. In a block structure, you discuss one subject first; then you talk about the other subject; and finally, you analyze them together.
   b. In an alternating structure, you alternate points about the first subject with comparable points about the second subject. In this scheme, you continually go back and forth between the two subjects.
   c. No matter what structure you choose, always support your points with evidence from the two sources.

3. Conclude your presentation by summarizing the main points (the differences or similarities between the two subjects and their significance).

Example

En una presentación oral, compara y contrasta los artistas mexicanos Diego Rivera y Frida Kahlo.

You begin with an introduction: Diego Rivera y Frida Kahlo son dos íconos del arte mexicano. A pesar de sus diferencias individuales, se les recuerda a estos artistas como una pareja.

You choose between a block or alternating structure.

Alternating structure:

A. Apariencia
   a. Diego Rivera es alto y corpulento.
   b. Frida Kahlo es baja y mucho más joven que él.

B. Estilo
   a. Rivera pinta murales épicos. Representa a los indígenas.
   b. Kahlo pinta autorretratos pequeños. Se identifica con la cultura indígena.

C. Política
   a. Rivera se envuelve en la política.
   b. Kahlo también es líder en el ámbito político de México.

You conclude the presentation by summarizing the main points: En resumen, Diego Rivera y Frida Kahlo son dos personas de apariencia diferente que pintaban obras de estilos muy diferentes. Sin embargo, ellos contrajeron matrimonio y se envolucraron en la vida cultural y política de su país. Esta pareja dispareja de artistas cautivó al mundo no solo por su arte sino también por sus ideas.

Your turn!

In the **Examen de práctica**, *make your presentation well organized. Include an introduction, a block or alternating structure, and a conclusion.*

Examen de práctica

Part A: Listening

Vas a escuchar una selección. Después vas a escuchar una serie de preguntas sobre la selección. Para cada pregunta elige la mejor respuesta de las cuatro opciones escritas.

 CD2 TRACK 9

1.
   a. En un café en Nueva York
   b. En el aeropuerto de Miami
   c. En un viaje al Perú
   d. En Santiago

2.

    a. De Pinochet

    b. De su papá

    c. De Fidel Castro

    d. De la aerolínea

3.

    a. Se alegran de que ya no exista.

    b. Les gusta que fuera una democracia.

    c. Piensan que era mejor que el de Fidel.

    d. Opinan que fue un gobernante comunista.

4.

    a. Fernando y María tienen muchos amigos cubanos en Miami.

    b. Pepe y Pablo sienten que pertenecen a Estados Unidos.

    c. Gracias a Fidel, la mamá de María perdió a su hermano.

    d. El gobierno del Perú fue una pesadilla.

Part B: Reading

Lee el pasaje a continuación con cuidado y contesta las preguntas que siguen. Para cada pregunta elige la mejor respuesta de las cuatro opciones.

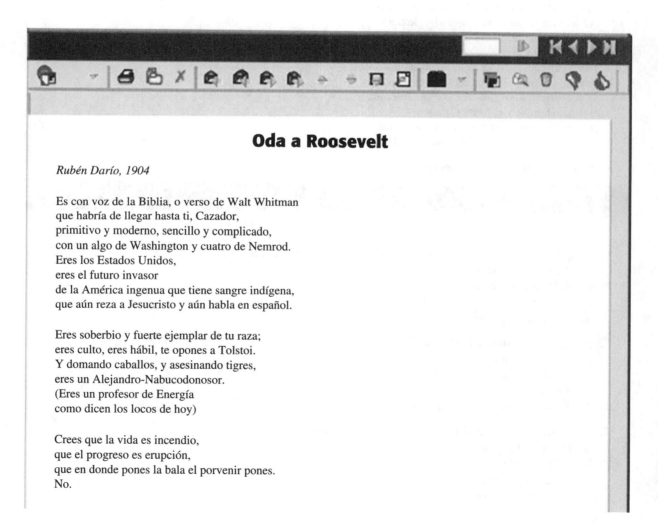

Oda a Roosevelt

Rubén Darío, 1904

Es con voz de la Biblia, o verso de Walt Whitman
que habría de llegar hasta ti, Cazador,
primitivo y moderno, sencillo y complicado,
con un algo de Washington y cuatro de Nemrod.
Eres los Estados Unidos,
eres el futuro invasor
de la América ingenua que tiene sangre indígena,
que aún reza a Jesucristo y aún habla en español.

Eres soberbio y fuerte ejemplar de tu raza;
eres culto, eres hábil, te opones a Tolstoi.
Y domando caballos, y asesinando tigres,
eres un Alejandro-Nabucodonosor.
(Eres un profesor de Energía
como dicen los locos de hoy)

Crees que la vida es incendio,
que el progreso es erupción,
que en donde pones la bala el porvenir pones.
No.

Los Estados Unidos son potentes y grandes.
Cuando ellos se estremecen hay un hondo temblor
que pasa por las vértebras enormes de los Andes.
Si clamáis, se oye como el rugir del león.
Ya Hugo a Grant lo dijo: las estrellas son vuestras.
(Apenas brilla, alzándose, el argentino sol
y la estrella chilena se levanta...) Sois ricos
Juntáis al culto de Hércules el culto a Mammón,
y alumbrando el camino de la fácil conquista,
la Libertad levanta su antorcha en Nueva York.
Más la América nuestra, que tenía poetas
desde los tiempos de Netzahualcóyotl,
que ha guardado las huellas de los pies del gran Baco,
que el alfabeto pánico en un tiempo aprendió;
que consultó los astros, que conoció la Atlántida
cuyo nombre nos viene resonando en Platón,
que desde los remotos momentos de su vida
vive de luz, de fuego, de perfume, de amor,
la América del grande Moctezuma, del Inca,
la América fragante de Cristóbal Colón,
La América católica, la América española,
la América en que dijo el noble Guatemoc:
«Yo no estoy en un lecho de rosas»; esa América
que tiembla de huracanes y que vive de amor,
hombres de ojos sajones y alma bárbara, vive.
Y sueña. Y ama, y vibra, y es la hija del Sol.
Tened cuidado. ¡Vive la América española!
Hay mil cachorros sueltos del León Español.
Se necesitaría, Roosevelt, ser, por Dios mismo,
el Riflero terrible y el fuerte Cazador,
para poder tenernos en vuestras férreas garras.
Y, pues contáis con todo, falta una cosa: ¡Dios!

crédito: «Oda a Roosevelt», by Rubén Darío

5. ¿A quién se dirige el autor cuando escribe «llegar hasta ti, Cazador»?
   a. A Jorge Washington
   b. A Theodore Roosevelt
   c. A Walt Whitman
   d. A Cristóbal Colón

6. ¿Quién es «la América ingenua»?
   a. América Latina
   b. Estados Unidos
   c. Atlántida
   d. Todo el continente americano

7. ¿Qué adjetivos usa Darío para describir a los Estados Unidos?
   a. Primitivos y sencillos
   b. Cultos y hábiles
   c. Potentes y grandes
   d. Fragrantes y sajones

8. ¿Qué adjetivos usa Darío para describir la América española?
   a. Soberbia y fuerte
   b. Vigilante y católica
   c. Terrible y fuerte
   d. Primitiva y sencilla

9. ¿Hasta dónde llega la influencia de los Estados Unidos?
   a. Los Andes
   b. El sol argentino
   c. España
   d. Nueva York

10. ¿Qué critica el autor del poema?
    a. El imperialismo de los Estados Unidos
    b. La falta de fe católica en los Estados Unidos
    c. La ingenuidad de la América española
    d. El materialismo de los nuevos países latinoamericanos

Part C: Writing

Lee el tema de la escritura interpersonal. Tu respuesta escrita debe tener un mínimo de 60 palabras.

11. Escríbele una carta al director (o a la directora) de tu colegio. Imagina que no estás de acuerdo con una regla (por ejemplo, la vestimenta, el uso de celular, las ausencias, etcétera). En la carta,

   • menciona la regla con la que no estás de acuerdo

   • explica por qué no estás de acuerdo

   • propón una nueva regla

_____

_____

_____

_____

_____

_____

_____

_____

_____

_____

_____

_____

_____

Part D: Speaking

Vas a dar una presentación oral. Primero, debes leer el siguiente artículo. Luego, vas a escuchar la selección auditiva. Toma apuntes mientras escuchas. Vas a tener dos minutos para preparar tu presentación oral y dos minutos para grabarla.

12. En una presentación oral, compara y contrasta a Diego Rivera y David Alfaro Siqueiros, dos artistas mexicanos de la época de la Revolución de 1910.

Fuente No. 1

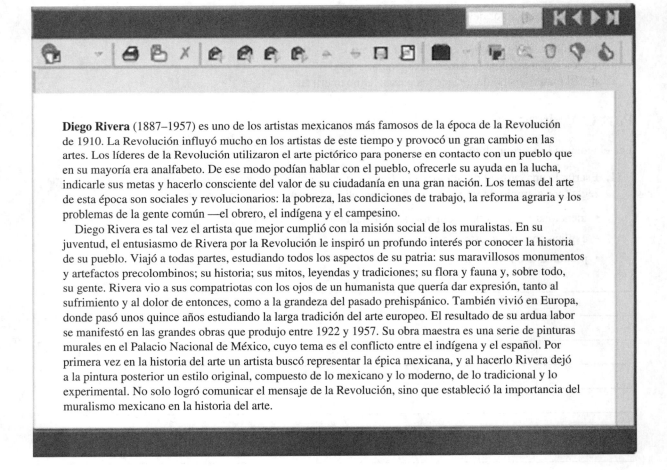

Diego Rivera (1887–1957) es uno de los artistas mexicanos más famosos de la época de la Revolución de 1910. La Revolución influyó mucho en los artistas de este tiempo y provocó un gran cambio en las artes. Los líderes de la Revolución utilizaron el arte pictórico para ponerse en contacto con un pueblo que en su mayoría era analfabeto. De ese modo podían hablar con el pueblo, ofrecerle su ayuda en la lucha, indicarle sus metas y hacerlo consciente del valor de su ciudadanía en una gran nación. Los temas del arte de esta época son sociales y revolucionarios: la pobreza, las condiciones de trabajo, la reforma agraria y los problemas de la gente común —el obrero, el indígena y el campesino.

Diego Rivera es tal vez el artista que mejor cumplió con la misión social de los muralistas. En su juventud, el entusiasmo de Rivera por la Revolución le inspiró un profundo interés por conocer la historia de su pueblo. Viajó a todas partes, estudiando todos los aspectos de su patria: sus maravillosos monumentos y artefactos precolombinos; su historia; sus mitos, leyendas y tradiciones; su flora y fauna y, sobre todo, su gente. Rivera vio a sus compatriotas con los ojos de un humanista que quería dar expresión, tanto al sufrimiento y al dolor de entonces, como a la grandeza del pasado prehispánico. También vivió en Europa, donde pasó unos quince años estudiando la larga tradición del arte europeo. El resultado de su ardua labor se manifestó en las grandes obras que produjo entre 1922 y 1957. Su obra maestra es una serie de pinturas murales en el Palacio Nacional de México, cuyo tema es el conflicto entre el indígena y el español. Por primera vez en la historia del arte un artista buscó representar la épica mexicana, y al hacerlo Rivera dejó a la pintura posterior un estilo original, compuesto de lo mexicano y lo moderno, de lo tradicional y lo experimental. No solo logró comunicar el mensaje de la Revolución, sino que estableció la importancia del muralismo mexicano en la historia del arte.

Fuente No. 2

 CD2 TRACK 10

«David Alfaro Siqueiros»

UNIDAD 9

La educación en el mundo hispánico

Actividades de gramática

A. El subjuntivo en cláusulas adverbiales

1. Expresa los planes que tú y tus amigos tienen para el futuro. Luego añade tres ideas propias.

   Modelo   Yo / graduarse este año / con tal que / mis profesores darme notas buenas
   Yo me graduaré este año, con tal que mis profesores me den notas buenas.

   1. tú / hacer un viaje a Europa / a menos que / tus abuelos no mandarte el dinero

      _____

   2. Miguel / trabajar en una embajada / con tal que / el gobierno querer emplearlo

      _____

   3. Margarita / ser actriz / con tal que / el cine estar listo para recibirla

      _____

   4. Tomás y Ricardo / tener mucho éxito / siempre y cuando / nosotros ayudarlos

      _____

   5. nosotros / estar muy contentos / a menos que / la mala fortuna impedírnoslo

      _____

   6. _____

   7. _____

   8. _____

2. Completa cada oración con la forma adecuada del verbo entre paréntesis, ya sea en el indicativo o en el subjuntivo, según el contexto.

   1. Queremos ir mañana al partido de fútbol aunque (hacer) _____ mal tiempo.

   2. Claudia va a prestarle su libro, en caso de que él no (poder) _____ encontrar el suyo.

   3. Él trató de contestar la pregunta aunque no (saber) _____ la respuesta.

   4. Fuimos a la biblioteca para que Juan (buscar) _____ un diccionario de español.

   5. El profesor habló despacio, de modo que todos lo (entender) _____.

   6. Aunque él nunca (estudiar) _____, lo sabe todo.

7. Iremos a la cafetería, aunque la comida ya (haberse) _____ acabado.

8. Escribió las palabras en su cuaderno, de modo que no las (olvidar) _____.

9. Lo leeré aunque no (ser) _____ interesante.

10. Se puso la nota en el bolsillo, de manera de que nadie la (ver) _____.

3. Usa verbos como **saber, oír, ver** y **mirar** con la conjunción **sin que,** para escribir cinco cosas que harán en clase hoy, sin el conocimiento del profesor o la profesora.

   Modelo *Yo entraré tarde a clase hoy sin que el profesor me vea.*

   1. _____

   2. _____

   3. _____

   4. _____

   5. _____

B. Los adverbios

1. Completa las oraciones según el modelo.

   Modelo *Carlos es rápido; por eso habla <u>rápidamente</u>.*

   1. Elena es cariñosa; por eso me trata _____.

   2. Raúl es feliz; por eso canta _____.

   3. Alicia es elegante; por eso se viste _____.

   4. Susana es cortés; por eso se comporta _____.

   5. Jorge es serio; por eso escribe _____.

   6. José es triste; por eso habla _____.

   7. Luz María es paciente; por eso nos ayuda _____.

   8. Víctor es cuidadoso; por eso trabaja _____.

2. Para cada situación, haz un cumplido, usando adverbios.

   Modelo (a un amigo muy estudioso)
   Tú estudias seriamente. Saldrás bien en el examen.

   1. (a un amigo que es el mejor corredor)

   _____

   2. (a una amiga que habla inglés como nativa)

   _____

   3. (a un amigo que sabe hacer reír a los niños)

   _____

4. (a un amigo que siempre anda elegante)

_____

5. (a una amiga muy trabajadora)

_____

6. (a una amiga con excelente memoria)

_____

C. Los comparativos y los superlativos

1. Tu amiga Alicia siempre exagera sus habilidades. Tú la corriges cada vez.

> **Modelo** ALICIA: Yo canto mejor que Plácido Domingo.
> TÚ: *No, no es verdad. Tú cantas peor que él.*

1. ALICIA: Yo soy más inteligente que Einstein.

TÚ: _____

2. ALICIA: Yo actúo menos impulsivamente que mi hermano.

TÚ: _____

3. ALICIA: Yo toco la guitarra mejor que Carlos Santana.

TÚ: _____

4. ALICIA: Yo estudio tanto como tú.

TÚ: _____

5. ALICIA: Yo soy tan rica como Jennifer López.

TÚ: _____

2. Completa las oraciones de una manera lógica.

1. Ella tiene tanta _____ una santa.

2. Mi hermano es tan _____ el profesor.

3. El libro es más _____ la película.

4. Mi prima es sumamente _____ .

5. Cervantes escribió la mejor _____ .

6. Esta composición es _____ que la mía.

7. Consuelo tiene tantos _____ yo.

8. Manuelito es _____ de la familia.

3. Para cada categoría, escribe una oración, usando el superlativo e indicando la persona o la cosa que describe la categoría.

> **Modelo** un buen actor
> *Tom Cruise es el mejor actor de Hollywood.*
> o *Tom Cruise es el peor actor de Hollywood.*

1. un libro interestante

_____

2. un restaurante elegante

_____

3. una tienda cara

_____

4. una película divertida

_____

5. una buena actriz

_____

6. un mal actor

_____

7. un deporte violento

_____

8. una ciudad bonita

_____

Actividades creativas

A. El estudio en el extranjero

Todos los años una organización internacional le ofrece a un(a) estudiante de tu colegio una beca para estudiar en España. Tú decidiste pedir la beca. Como parte de la solicitud, debes escribir un ensayo de 200 palabras. En el ensayo, incluye la siguiente información:

- datos personales tales como tu edad, tu progreso académico y algunas de tus características personales
- tus metas académicas y profesionales
- la razón por la cual quieres estudiar en España

_____

_____

_____

_____

_____

_____

_____

_____

_____

_____

_____

_____

_____

B. Las semejanzas y las diferencias

Con base en lo que sabes y lo que has aprendido sobre nuestros vecinos al sur, haz una lista de cinco diferencias y cinco semejanzas entre México y Estados Unidos.

Las diferencias:

1. _____

2. _____

3. _____

4. _____

5. _____

Las semejanzas:

1. _____

2. _____

3. _____

4. _____

5. _____

C. Una fiesta estudiantil

Mira el dibujo de un centro estudiantil donde los estudiantes de una universidad en Latinoamérica se reúnen y se divierten. Describe detalladamente lo que se ve en la escena.

_____

_____

_____

_____

_____

_____

_____

_____

Preparación para el examen

A. Listening Tip #9

Understand regional variations.

Why is this important?

Spanish is spoken by over 400 million people in four continents. As a result, there are many regional variations in accent and vocabulary. Knowing some of these variations will help you understand speakers from various corners of the Spanish-speaking world.

Here's how to do it:

1. Recognize various pronunciations.
   a. Most Spanish speakers pronounce **z**, **ce**, **ci**, **s** with a /s/ sound. In Castilian Spanish, however, **z**, **ce**, **ci** are pronounced /th/. And in Andalusian Spanish, sometimes the **s** is pronounced /th/.
   b. In Caribbean Spanish, the letter **s** is aspirated (sounding like an /h/) or dropped at the end of syllables and words.
   c. In Rioplatense Spanish, the **y** and **ll** are pronounced with a strong /j/. In other Latin American Spanish dialects, **y** and **ll** are pronounced like the English y.
2. Recognize the variations in second-person pronouns.
   a. In most of Spain, the plural of **tú** is **vosotros** whereas in Latin American Spanish it is **ustedes.**
   b. In Rioplatense and Central American Spanish, the pronoun **vos** is used instead of **tú.** Verbs conjugated in **vos** generally end in a stressed vowel with a final s: **querés, sentís.**
   c. Be aware of vocabulary variations. For example, **guagua** is a bus in Caribbean Spanish but refers to a baby in Andean Spanish.

Example

You hear:

🔊 CD2 TRACK 11

You recognize the acccent: The speakers are from Southern Spain and pronounce *z, ce, ci, s* with a /th/ sound.

You recognize second-person pronouns: The speakers use the **tú** pronoun.

You are aware of vocabulary variations: She says "castellano" to refer to "español".

Your turn!

You hear:

🔊 CD2 TRACK 12

You recognize the acccent: _____

You recognize second-person pronouns: _____

You are aware of vocabulary variations: _____

B. Reading Tip #9

Make educated guesses.

Why is this important?

In the exam, you will not always know the correct answer to a multiple-choice question. You are no longer penalized for a wrong answer so it's best to guess than to leave a question blank. Of course, you want to make the best possible guess—an educated guess.

Here's how to do it:

1. Take a deep breath. If you're stressed out, it'll be harder to make an educated guess.
2. Understand the question.
3. Eliminate the obvious wrong choice(s) first. You can do this by marking an X over the item letter.
4. Turn the remaining choices into true-false statements and underline any key words.
5. Find evidence in the reading to prove or disprove each true-false statement.
6. Reread the question and make your final choice. Your final choice should be the one that you can justify.

Example

You read: Tal vez el edificio más famoso de la Universidad es la Biblioteca Central, una enorme estructura cúbica sin ventanas —solo con pequeñas aberturas para la ventilación— y con enormes superficies planas. Estas las decoró O'Gorman con centenares de figuras pequeñas referentes a varias épocas de la historia del mundo y de la historia de México, desde los tiempos precolombinos hasta nuestros días. Consciente del efecto del sol mexicano, que había de convertir un mosaico compuesto de vidrio en un gigante reflector, O'Gorman optó por componer su obra con piedras de cincuenta colores, recogidas en todas partes del país. Así, este edificio sintetiza y combina las varias tendencias del muralismo mexicano: la forma misma del edificio es moderna; el uso de materiales, experimental; la decoración, barroca; y la temática, tradicional.

You understand the question ¿Cuál de estas NO es una característica de la Biblioteca Central?: The question is asking which is not a characterstic so the answer is the only choice that does not describe correctly the Biblioteca Central.

You eliminate the obvious wrong choices:
- ~~a.~~ No tiene ventanas.
- ~~b.~~ Fue diseñada por Juan O'Gorman.
- c. El mosaico es compuesto de vidrio.
- d. La decoración sigue la tradición barroca del arte hispánico.

You turn the remaining choices into true-false statements and underline any key words:
- c. El <u>mosaico</u> de <u>vidrio</u> es una característica de la Biblioteca Central.
- d. La <u>decoración</u> de la Biblioteca Central sigue la tradición <u>barroca</u> del arte hispánico.

You find evidence in the reading to prove or disprove: «... este edificio sintetiza y combina las varias tendencias del muralismo mexicano... la decoración, barroca...» proves d is true. «O'Gorman optó por componer su obra con piedras» suggests c is false.

You make your final choice: c. El mosaico es compuesto de vidrio NO es una característica de la Biblioteca Central.

Your turn!

Reread the passage in the Example.

Understand the question: ¿Qué podemos inferir sobre las formas modernas en arquitectura?

Eliminate the obvious wrong choices:
- a. Son cúbicas.
- b. Son de forma piramidal.
- c. Reflejan la naturaleza.
- d. Son decorativas y complejas.

Turn the remaining choices into true-false statements and underline any key words.

Underline any evidence in the reading that proves or disproves each true-false statement.

Reread the question and circle your final choice.

C. Writing Tip #9

Use a variety of sentence structures.

Why is this important?

Varying sentence structures will make your writing more interesting.

Here's how to do it:

1. Include questions and exclamations. Remember that questions can be information questions—**¿Qué planes tienes?**—and tag questions—**Asistirás a la universidad, ¿verdad?**

2. Write sentences of different lengths. You can achieve this by writing simple, compound, and complex sentences.
   a. Simple sentences have one subject and one verb: **Me gustaría ser traductora.**
   b. Compound sentences combine two simple sentences with a conjunction such as **y, o, pero, aunque, entonces, porque, dado que, así que, como, sin embargo.** For example, **Me gustaría ser traductora, dado que me fascinan los idiomas.**
   c. Complex sentences include one or more dependent clauses. These clauses begin with a relative pronoun such as **que, quien, donde, cuyo.** For example, **Me gustaría ser traductora, dado que me fascinan los idiomas que se derivan del latín.**

3. Begin some sentences with a dependent clause, that is, with a modifying clause or a conjunction. For example, **Dado que me fascinan los idiomas derivados del latín, me gustaría estudiar francés e italiano.**

Example

You write a paragraph to answer a prompt:

Me aceptaron en la Universidad de Texas. Esa universidad me gusta mucho. Ofrece muchos programas. Todos mis primos también estudiaron allí. Estoy muy emocionado.

You include exclamations: ¡Qué emoción!

You write simple, compound, and complex sentences: Me aceptaron en la Universidad de Texas. Me gusta mucho esa universidad porque es grande y ofrece muchos programas. Mis primos, quienes también estudiaron allí, me la recomendaron mucho.

You begin a sentence with a dependent clause: Aunque otras universidad también me aceptaron, iré a Austin.

Your turn!

Write a paragraph to answer the following prompt:

Escríbele una nota a tu profesor(a) de español. Imagínate que tuviste un pequeño accidente y que vas a faltar a tres semanas de clase.

_____

_____

_____

_____

_____

Now make your paragraph more interesting. Include a question and exclamation. Write simple, compound, and complex sentences. Start some sentences with a dependent clause.

_____

_____

_____

_____

_____

_____

D. Speaking Tip #9

Answer every question even if you don't fully understand one.

Why is this important?

It is essential that you respond to every part of the conversation.

Here's how to do it:

1. Determine the context of the conversation when you read the outline. When you don't know how to answer a question, focus on the setting and say something appropriate in that setting.
2. Listen carefully to the verb in the question. Use this verb as a springboard.

Example

You determine the context of the conversation: Imagínate que tienes una conversación con tu profesor de español. *The context will be Spanish class so when you don't know how to answer a specific question, you will talk about Spanish class.*

You listen carefully to the verb in the question: Tenemos que discutir tus notas que no son nada halagadoras. Cuéntame, ¿qué pasó en el último examen? *You don't understand the word "halagadoras" and you're not sure what the person is saying. So you listen for the verb of the question—"pasó"—and use it in your response.* No sé qué pasó. A mí me encanta la clase de español; en particular me fascina aprender sobre las diferentes culturas del mundo hispanohablante. Las antiguas civilizaciones precolombinas son un tema muy interesante. *(Note: You did not answer the question but since your response is complete and well-organized, you get points for it.)*

Your turn!

You determine the context of the conversation: Imagínate que tienes una conversación con tu consejera académica. _____

You listen carefully to the verb in the question: ¿Ya has elegido una carrera?

You respond using the verb and the context: _____

_____

_____

Examen de práctica

Part A: Listening

Vas a escuchar una selección. Después vas a escuchar una serie de preguntas sobre la selección. Para cada pregunta elige la mejor respuesta de las cuatro opciones escritas.

🔊 CD2 TRACK 13

1.
   a. Son dos estudiantes que van a ingresar a la universidad.
   b. Marina es estudiante y Javier es su profesor.
   c. Son dos pintores que se conocieron en la universidad.
   d. Marina es estudiante y Javier es un amigo de la familia.

2.

    a. Porque no ha sacado buenas notas.

    b. Porque no sabe qué carrera elegir.

    c. Porque no quiere trabajar en el laboratorio de su padre.

    d. Porque quiere estudiar economía y sus padres quieren que estudie medicina.

3.

    a. Que no estudie medicina.

    b. Que no trabaje en un laboratorio.

    c. Que haga dos especializaciones.

    d. Que sea médica para ganar mucho dinero.

4.

    a. Combinar empresariales y derecho es un lío.

    b. Los que estudian empresariales y derecho ganan bien.

    c. Es fácil aprobar los exámenes de economía y derecho.

    d. Muchos italianos estudian empresariales y derecho.

Part B: Reading

Lee el pasaje a continuación con cuidado y contesta las preguntas que siguen. Para cada pregunta elige la mejor respuesta de las cuatro opciones.

La Ciudad Universitaria

Después de la Revolución, un fuerte nacionalismo estimuló la producción de grandes pinturas murales en México, donde maestros como Rivera, Orozco y Siqueiros crearon un verdadero arte nacional y lograron comunicarle al pueblo el mensaje revolucionario a través de sus pinturas en las paredes interiores de numerosos edificios públicos. La segunda etapa de ese gran movimiento había de ser la pintura del exterior de edificios y la integración de esta a la superficie de grandes masas estructurales. La oportunidad de explorar las posibilidades de esta integración de artes plásticas se presentó cuando en 1946 el gobierno donó un extenso terreno al sur de la capital para la construcción de la Ciudad Universitaria. Con la participación de más de 150 arquitectos, ingenieros y técnicos, la construcción de la parte básica de la Ciudad Universitaria se terminó en unos tres años. Entre los artistas que hicieron importantes contribuciones al proyecto se encontraban no solo los ya establecidos —Rivera y Siqueiros— sino también otros como Juan O'Gorman (1905–1982) y Francisco Eppens (1913–1990) que habían de ganar fama por sus trabajos artísticos en el proyecto universitario.

La Biblioteca Central

Tal vez el edificio más famoso de la Universidad es la Biblioteca Central, una enorme estructura cúbica sin ventanas —solo con pequeñas aberturas para la ventilación— y con enormes superficies planas. Estas las decoró O'Gorman con centenares de figuras pequeñas referentes a varias épocas de la historia del mundo y de la historia de México, desde los tiempos precolombinos hasta nuestros días. Consciente del efecto del sol mexicano, que había de convertir un mosaico compuesto de vidrio en un gigante reflector, O'Gorman optó por componer su obra con piedras de cincuenta colores, recogidas en todas partes del país. Así, este edificio sintetiza y combina las varias tendencias del muralismo mexicano: la forma misma del edificio es moderna; el uso de materiales, experimental; la decoración, barroca; y la temática, tradicional.

5. ¿Cuál es el propósito del texto?
   a. Narrar un hecho histórico
   b. Persuadir a los lectores
   c. Expresar una opinión
   d. Proporcionar una información

6. ¿Cuándo se construyó la Ciudad Universitaria?
   a. En la década de 1910
   b. En la década de 1930
   c. En la década de 1940
   d. En la década de 1970

7. ¿Por qué se considera la Ciudad Universitaria parte de la segunda etapa del movimiento muralista mexicano?
   a. Porque crea un arte nacional
   b. Porque usa materiales experimentales
   c. Porque los murales son parte del exterior de los edificios
   d. Porque comunica a los estudiantes un mensaje revolucionario

8. Se puede decir que la Ciudad Universitaria es un ejemplo...
   a. de la integración de las artes plásticas.
   b. del arte precolombino.
   c. de la arquitectura colonial.
   d. de la colaboración entre los sistemas políticos y educativos.

9. ¿Cuál de estas NO es una característica de la Biblioteca Central?
   a. No tiene ventanas.
   b. Fue diseñada por Juan O'Gorman.
   c. El mosaico está compuesto de vidrio.
   d. La decoración sigue la tradición barroca del arte hispánico.

10. ¿Qué podemos inferir sobre las formas modernas en arquitectura?
    a. Son cúbicas.
    b. Son de forma piramidal.
    c. Reflejan la naturaleza.
    d. Son decorativas y complejas.

Part C: Writing

Lee el tema de la escritura interpersonal. Tu respuesta escrita debe tener un mínimo de 60 palabras.

11. Escríbele una nota a tu profesor(a) de español. Imagínate que tuviste un pequeño accidente y que vas a faltar a tres semanas de clase. En el mensaje, saluda a tu profesor(a) y

   - explica tu situación
   - pregunta lo que debes hacer para aprobar la clase
   - explica lo que puedes y no puedes hacer
   - agradece y despídete

_____

_____

_____

_____

_____

_____

_____

_____

_____

_____

_____

_____

_____

_____

_____

Part D: Speaking

Vas a participar en una conversación simulada. Primero, lee la situación y el esquema de la conversación. Después, empieza la grabación. Participa en la conversación según el esquema. Una señal indicará cuándo debes empezar y terminar de hablar. Tendrás 20 segundos para grabar cada una de tus respuestas.

12. Imagínate que tienes una conversación con tu consejera académica.

 CD2 TRACK 14

CONSEJERA:	• Te saluda.
TÚ:	• Salúdala y explica cómo te sientes.
CONSEJERA:	• Te hace una pregunta.
TÚ:	• Responde a su pregunta.
CONSEJERA:	• Te hace otra pregunta.
TÚ:	• Contéstale con bastantes detalles.
CONSEJERA:	• Continúa la conversación.
TÚ:	• Responde y explica por qué.
CONSEJERA:	• Continúa la conversación.
TÚ:	• Haz dos preguntas.
CONSEJERA:	• Responde. • Termina la conversación.
TÚ:	• Reacciona a la propuesta. • Agradece y despídete.

_____

_____

_____

_____

_____

_____

_____

_____

_____

_____

Part D: Speaking

Vas a participar en una conversación simulada. Primero, lee la situación y el esquema de la conversación. Después, empieza la grabación. Participa en la conversación según el esquema. Una señal indicará cuándo debes empezar y terminar de hablar. Tendrás 20 segundos para grabar cada una de tus respuestas.

12. Imagínate que tienes una conversación con tu consejera académica.

 CD2 TRACK 14

CONSEJERA:	• Te saluda.
TÚ:	• Salúdala y explica cómo te sientes.
CONSEJERA:	• Te hace una pregunta.
TÚ:	• Responde a su pregunta.
CONSEJERA:	• Te hace otra pregunta.
TÚ:	• Contéstale con bastantes detalles.
CONSEJERA:	• Continúa la conversación.
TÚ:	• Responde y explica por qué.
CONSEJERA:	• Continúa la conversación.
TÚ:	• Haz dos preguntas.
CONSEJERA:	• Responde. • Termina la conversación.
TÚ:	• Reacciona a la propuesta. • Agradece y despídete.

UNIDAD 10

La ciudad en el mundo hispánico

Actividades de gramática

A. Las cláusulas con *si*

1. Completa cada oración con la forma correcta del subjuntivo o del indicativo del verbo entre paréntesis, según el contexto.

    1. Si (hacer) _____ buen tiempo, podríamos sentarnos en ese café.

    2. Si yo (haber) _____ tenido tiempo, lo habría averiguado.

    3. Si no (hacer) _____ sol, me niego ir al parque.

    4. Si ellos me (invitar) _____, iría a la fiesta.

    5. Si él (tener) _____ bastante dinero, se matricularía en la universidad.

    6. Los chicos hablan como si (conocer) _____ a esas muchachas.

    7. Si a las chicas les (agradar) _____, daremos un paseo.

    8. Si Omar (atravesar) _____ el centro a pie, llegaría tarde.

    9. Santiago gastó dinero como si (ser) _____ rico.

    10. Si todos (indagar) _____ más, aprenderán mucho.

    11. Si nosotros (haber) _____ salido ayer, ya habríamos estado allí.

    12. Lola habló como si (saber) _____ la dirección de El Jacarandá.

    13. Si yo (salir) _____ bien en el examen, podré entrar en la Facultad de Medicina.

    14. Si él me (prestar) _____ 5 euros, compraría las bebidas.

    15. Pablo corre como si (tener) _____ miedo.

    16. Si el camarero (venir) _____ a nuestra mesa, pediría unas quesadillas.

    17. Si Pedro (llegar) _____ a tiempo, asistiríamos a la conferencia.

    18. Si nosotros (ir) _____ de compras hoy, le compraré una blusa nueva.

    19. Si el museo (estar) _____ abierto, iría a visitarlo.

    20. Si él (poder) _____, viviría en un rascacielos.

2. Acabas de llegar a la Ciudad de México. Usa **como si** para describir lo que oyes y ves.

> **Modelo** *El policía habla como si <u>lo supiera todo</u>.*

  1. Los taxistas manejan como si _____.

  2. Los vendedores gritan como si _____.

  3. Los hombres de negocios andan como si _____.

  4. Los niños juegan en el parque como si _____.

  5. Las mujeres se hablan como si _____.

  6. Los mariachis tocan como si _____.

3. Di cuándo, o bajo qué condiciones, harías lo siguiente.

> **Modelo** estudiar día y noche
> *Yo estudiaría día y noche si hubiera un examen en esta clase.*

  1. ir al hospital

_____

  2. invitar a mis amigos a una fiesta

_____

  3. ganar mucho dinero

_____

  4. prestarles dinero a mis amigos

_____

  5. telefonear a la policía

_____

  6. comer en un restaurante elegante

_____

  7. ir a Perú

_____

  8. casarme

_____

B. Verbos que llevan preposición

1. Completa las oraciones con las preposiciones adecuadas. Si una oración no necesita preposición, deja el espacio en blanco.

  1. Su hermanito insistió _____ ir al cine con nosotros.

  2. La comida consistió _____ algunos platos típicos de España.

3. Tenemos que conformarnos _____ las leyes de la ciudad.

4. Me encargo _____ hacer el itinerario para el viaje.

5. Sus amigos siempre se burlan _____ Felipe.

6. Roberto tardó mucho _____ terminar sus estudios.

7. Podemos _____ ir a la playa con ellos.

8. Nuestro primo sabe _____ nadar bien.

9. Queremos aprender _____ hablar bien el español.

10. Los hombres se acercaron _____ la plaza.

11. Todos deben fijarse _____ la arquitectura de ese edificio.

12. Ella se preocupa mucho _____ sus estudios.

13. El matón dejó _____ caer la pistola al suelo.

14. Vamos _____ mudarnos a la capital.

15. Todo depende _____ la decisión del presidente.

2. Un amigo te hace las siguientes preguntas. Primero, complétalas con las preposiciones adecuadas; luego, responde.

1. ¿Cuándo comenzaste _____ estudiar el español?

_____

2. ¿Por lo general cuánto tardas _____ completar las tareas de español?

_____

3. ¿Qué acabas _____ leer en la clase de español?

_____

4. ¿Qué ciudad hispánica sueñas _____ visitar algún día?

_____

5. ¿Cuándo vas a dejar _____ estudiar español?

_____

C. Los diminutivos y los aumentativos

1. Completa las oraciones con los diminutivos y aumentativos de las palabras entre paréntesis. Usa las terminaciones **-ito(-a)**, **-cito(-a)** o **-ecito(-a)** para los diminutivos y la terminación **–ón (-ona)** para los aumentativos.

1. Vivimos en una (casa pequeña) _____.

2. Un (niño pequeño) _____ entró al café.

3. Compraron un (libro pequeño) _____ en la librería.

4. Quería comer un (pedazo pequeño) _____ de pan.

5. Su mejor amigo es su *(perro pequeño)* _____.

6. Quiero hacer un viaje con mi *(amigo pequeño)* _____.

7. Cogí todas las *(flores pequeñas)* _____.

8. Su *(hijo pequeño)* _____ está con su

   (querida abuela) _____.

9. El *(hombre grande)* _____ trabaja en el hotel.

10. La *(mujer grande)* _____ es nuestra vecina.

2. Piensa en una ciudad que hayas visitado. Contesta las preguntas sobre esa ciudad, usando diminutivos y aumentativos.

   1. ¿De qué tamaño era? ¿Pequeña o muy grande?

   _____

   2. ¿Viste a alguien que te llamó la atención? ¿Cómo era?

   _____

   3. ¿Qué tipo de vehículos viste? ¿Por dónde andaban?

   _____

   4. ¿Entraste a algún edificio? ¿Qué había adentro?

   _____

Actividades creativas

A. Poema de cinquain

¿Qué piensas de la vida urbana? Expresa tus ideas en un poema de cinco líneas llamado cinquain. Sigue las instrucciones siguientes para escribir el poema.

- Primera línea: un sustantivo relacionado con la vida urbana
- Segunda línea: dos adjetivos que describan la vida urbana
- Tercera línea: tres verbos terminados en -ando/-iendo
- Cuarta línea: una frase de cuatro palabras
- Quinta línea: un sinónimo de la primera línea

La vida urbana

_____

_____

_____

_____

_____

B. Una escena dramática

Luisa Crespo quiere mudarse a la ciudad pero su esposo, Juan Antonio, prefiere la vida tranquila del pueblo donde viven. Escribe un diálogo entre los esposos. ¿Quién gana la discusión?

Modelo *LUISA: Amorcito, si viviéramos en una ciudad grande, asistiríamos al teatro todas las noches...*

_____

_____

_____

_____

_____

_____

_____

_____

_____

_____

C. Una ciudad hispánica

Mira con cuidado el dibujo y describe detalladamente la escena. Menciona los edificios, lo que hacen las personas y el ritmo de vida. Escribe la descripción en la página 130.

_____

_____

_____

_____

_____

_____

_____

_____

_____

_____

 Preparación para el examen

A. Listening Tip #10

Make inferences.

Why is this important?

Some of the exam questions will ask you to make appropriate inferences, that is, to go beyond what is said. You will need to know why something happens, why it is important, how one event influences another, why characters behave a certain way, and how speakers feel.

Here's how to do it:

1. Listen between the lines by asking yourself why? and what does it mean?
2. Combine details from the passsage with what you know about the world to draw logical conclusions.
3. Choose the most likely explanation from the facts at hand.

Example

You hear:

ÁLVARO: Uds. tienen una suerte… Yo,… desde que estoy estudiando aquí, no he visto nada… me paso la vida en el laboratorio de física.

PILAR: Y yo tres cuartos en lo mismo… Pero, ¡cuéntenos cómo lo pasaron!

JAIME: ¡Hombre!… lo que soy yo… ¡a esquiar no vuelvo! Me torcí un tobillo, y aún me duele… Pero me hubiera quedado más tiempo en Santa Fe. Es una ciudad con algo muy especial…

You listen between the lines: Álvaro says "Uds. tienen una suerte" because he's jealous. He's always studying in the physics lab which means he's probably a university student majoring in physics.

You combine details from the passsage with what you know about the world to draw logical conclusions: Jaime says he'll never ski again and we know that you need snow to ski and that it snows in winter and spring so we can conclude the conversation refers to either the winter or spring break.

You choose the most likely explanation from the facts at hand: The answer to this question,

¿Qué podemos decir sobre Santa Fe?

    a. Es un lugar adonde Jaime nunca volverá.
    b. Hay muchos laboratorios de física.
    c. Es una ciudad que a Jaime le gusta.
    d. Muchas personas tienen accidentes en Santa Fe.

is (c) because Jaime says "...me hubiera quedado más tiempo en Santa Fe. Es una ciudad con algo muy especial." Only a person that likes the place would make that comment. (a) is not correct because Jaime says he'll never ski again, not that he'll never return to Santa Fe. (b) and (d) are overgeneralizations, not based on facts presented in the dialogue.

Your turn!

Listen to the following excerpt:

🔊 CD2 TRACK 15

You listen between the lines: _____

_____

You combine details from the passsage with what you know about the world to draw logical conclusions:

_____

_____

You choose the most likely explanation from the facts at hand:

¿Qué se puede decir sobre la estudiante ecuatoriana?

    a. Quisiera pertenecer a una hermandad.
    b. Está estudiando periodismo.
    c. No le gusta vivir en la ciudad.
    d. No le gusta vivir en el campo.

B. Reading Tip #10

Recognize humor.

Why is this important?

Humor is a tool that writers sometimes employ to amuse, get sympathy, or criticize. Readers usually appreciate humor in writing; however, it is very difficult to perceive humor in a non-native language because it usually requires a deep cultural understanding.

Here's how to do it:

  1. Understand the different types of humor.
    a. Hyperboles exaggerate the truth.
    b. In irony, what is stated or done is different from what is meant.
    c. Satire ridicules certain behaviors or attitudes.
    d. A parody imitates an original work to mock it or comment on it.

  2. Be aware of the following humorous devices:
    a. understatement of the obvious.
    b. inclusion of unexpected events.
    c. use of dialect, colloquial expressions, and word play.

Example

You read: Bájate de esa nube, mija, que estamos en Carrópolis, me gritarán ustedes, hastiados de tan empalagoso interludio sentimental.

You notice various humorous devices: The use of colloquial language («mija»), word play (invention of the word Carrópolis), exaggeration («empalagoso interludio sentimental»)

Your turn!

You read: Y es innegable que aquí se impone la choferocracia, que la posesión de un auto es un acto simbólico, ilusión de poder, mitología del «espacio igual». No obstante, con todo y el desastre de la transportación colectiva, las amenazas de la carretera ponen a rezar hasta a un ateo.

What's an example of word play (an invented word)? _____

What's an example of a hyperbole (an exaggeration)? _____

C. Writing Tip #10

Use a checklist.

Why is this important?

A checklist is an efficient way to edit your written message.

Here's how to do it:

1. When you finish writing a letter, ask yourself these questions:
   - Did I include a date?
   - Did I include a greeting?
   - Did I use proper register?
   - Did I complete all the tasks in the prompt?
   - Did I include details?
   - Did I include an ending sentence?
2. If you answer "no" to any of the questions, fix it.
3. One way to remember the questions in the checklist is to create an acronym. For example,

DoG RaT DoE (Date, Greeting, Register, Tasks, Details, Ending)

Example

You finish writing the following letter:

Querido abuelito:

Espero que esta carta te encuentre bien de salud. Nosotros aquí estamos bien, pero te echamos de menos. ¡Qué lástima que vivas tan lejos! Yo sé que te gusta la vida del campo y estás feliz en tu casita, pero deberías pensar en mudarte a la ciudad. Por un lado estarías cerca de nosotros y por otro, tendrías mejor cuidado médico. Es buena idea, ¿no te parece?

Un abrazo,

Michael

You ask yourself the checklist questions:

- Did I include a date? *No*
- Did I include a greeting? *Yes*
- Did I use proper register? *Yes*
- Did I complete all the tasks in the prompt? *Yes*
- Did I include details? *Not many*
- Did I include an ending sentence? *No*

You fix the "no" questions:

5 de mayo de 20...

Querido abuelito:

Espero que esta carta te encuentre bien de salud. Nosotros aquí estamos bien pero te echamos de menos. ¡Qué lástima que vivas tan lejos! Yo sé que te gusta la vida del campo y estás feliz en tu casita, pero deberías pensar en mudarte a la ciudad. Por un lado estarías cerca de nosotros y por otro, tendrías mejor cuidado médico. Me preocupa tu condición cardiaca y sé que aquí el hospital es de primera categoría. Tenerte cerca y bien cuidado es mi deseo. Por favor piénsalo, ¿de acuerdo? Espero tener noticias tuyas muy pronto.

Un abrazo,

Michael

Your turn!

In the Examen de práctica, *use a checklist to correct your letter.*

D. Speaking Tip #10

Practice your pronunciation.

Why is this important?

Good pronunciation is one of the scoring guidelines. You don't have to sound like a native speaker but you do have to be understood. Besides, good pronunciation will give you confidence at the time of speaking into the microphone!

Here's how to do it:

1. Make sure you pronounce each vowel with its unique sound. There are no "short" or "long" vowels in Spanish. And no vowels—even if they're unstressed—sound like the schwa "uh".
2. Pronounce p, d, t without a puff of air.
3. Remember the "z" and "v" sounds don't exist in Spanish.
4. Practice, practice, practice! Read aloud. Listen to Spanish television programs. Explore online sites that model pronunciation of letters and words.

Example

 CD2 TRACK 16

Your turn!

Read this using good pronunciation:

¿En un rancho? ¡No! ¡En un ranchazo! Con lo grande que es, y lo lejos que está de cualquier ciudad...
A los gringos yo no los entiendo. Son diferentes a todo el mundo, mi amor. Mira que gustarles vivir
aislados, en el campo, con los animalitos.

Examen de práctica

Part A: Listening

Vas a escuchar una selección. Después vas a escuchar una serie de preguntas sobre la selección. Para cada pregunta elige la mejor respuesta de las cuatro opciones escritas.

🔊 CD2 TRACK 17

1.
   a. Es la novia de Darío.
   b. Es la amiga de María Luisa.
   c. Es la hermana de María Luisa.
   d. Es una estudiante ecuatoriana.

2.
   a. Amy está aburrida en la universidad.
   b. Amy está divirtiéndose en la universidad.
   c. Amy vive en un lugar muy peligroso.
   d. Amy estudia todo el tiempo.

3.
   a. Porque cree que se aburriría
   b. Porque no sabe lo que es una «hermandad»
   c. Porque no tiene visa para viajar
   d. Porque quiere quedarse en el rancho con su novio

4.
   a. Es una universidad urbana.
   b. No hay mucha vida social.
   c. Está lejos de las ciudades.
   d. Se especializa en ciencias y tecnología.

5.
   a. Quisiera pertenecer a una hermandad.
   b. Está estudiando periodismo.
   c. No le gusta vivir en la ciudad.
   d. No le gusta vivir en el campo.

Part B: Reading

Lee el pasaje a continuación con cuidado y contesta las preguntas que siguen. Para cada pregunta elige la mejor respuesta de las cuatro opciones.

Entonces es que a uno le entra la santa nostalgia de las grandes ciudades donde reina gloriosa la dictadura del peatonado. Allí, el no tener carro es casi motivo de orgullo, un privilegio que permite evitar la agonía del estacionamiento y el infierno de los tapones. La práctica generalizada del caminar es inclusive vista como una conquista ecológica, una sabia contribución a la calidad de la vida urbana, una hazaña heroica en la guerra contra la contaminación. Y los transeúntes tienen su merecida recompensa: un bajón de por lo menos veinte puntos en la escala inexorable del colesterol. Esos ciudadanos, naturalmente, pueden contar con la eficacia de una transportación pública que facilita la cotidianidad, que no conspira absurdamente contra el tiempo, la energía y la salud mental. La presencia de una gran cantidad de personas en la calle a toda hora los hace sentirse menos solos, más protegidos por el tibio abrazo de la ciudad.

Bájate de esa nube, mija, que estamos en Carrópolis, me gritarán ustedes, hastiados de tan empalagoso interludio sentimental. Y es innegable que aquí se impone la choferocracia, que la posesión de un auto es un acto simbólico, ilusión de poder, mitología del «espacio igual». No obstante, con todo y el desastre de la transportación colectiva, las amenazas de la carretera ponen a rezar hasta a un ateo. No es para menos, con lo tétrico del panorama: más de 200.000 adictos y/o alcohólicos al volante, las calles hechas pistas para los desquites del estrés social, más carros robados que gente desempleada, lo que ciertamente no es poco decir. Amén de los pasajeros involuntarios que se cogen en las luces para esa trillita tan particular…. No, gracias, déjenme en la esquina, que mientras la suela aguante, prefiero seguir a pie…

Ana Lydia Vega, «Un deseo llamado tranvía»

crédito: «Un tranvía llamado deseo», by Ana Lydia Vega.

6. ¿Cuál es la intención de la narradora en este pasaje?
  a. Describir la vida de los peatones
  b. Transmitir los valores de las grandes ciudades
  c. Criticar la ineficiencia del transporte público y la obsesión con los carros
  d. Comentar sobre su situación económica

7. ¿Qué nostalgia le entra a la narradora?
  a. La de las ciudades grandes
  b. La de los pueblos pequeños
  c. La de su juventud y belleza
  d. La de su niñez cuando no sabía conducir

8. ¿Cuál es una característica de su lugar nostálgico?
  a. Un auto es un símbolo de poder.
  b. La transportación pública conspira contra el tiempo.
  c. Las calles son tranquilas porque están vacías.
  d. No hay que preocuparse por estacionamiento o tapones.

9. ¿A qué se refiere la palabra inventada «Carrópolis»?
  a. A un lugar donde reinan los peatones
  b. A un lugar donde todos tienen auto
  c. A los tranvías de su ciudad natal
  d. Al miedo irracional a los carros

10. ¿Cómo es el tono del pasaje?
    a. Humorístico
    b. Sombrío
    c. Desinteresado
    d. Fastidioso

Part C: Writing

Lee el tema de la escritura interpersonal. Tu respuesta escrita debe tener un mínimo de 60 palabras.

11. Escríbele una carta a un(a) amigo(a) de Buenos Aires, Argentina. Imagínate que su familia va a trasladarse a un pueblo en Texas. En el mensaje, saluda a tu amigo(a) y

    • expresa tu reacción ante la noticia de su traslado
    • explica algunas diferencias entre una ciudad como Buenos Aires y un pueblo en Texas
    • dale algunos consejos
    • despídete

_____

_____

_____

_____

_____

_____

_____

_____

_____

_____

_____

_____

_____

_____

Part D: Speaking

Vas a dar una presentación oral. Primero, debes leer el siguiente artículo. Luego, vas a escuchar la selección auditiva. Toma apuntes mientras escuchas. Vas a tener dos minutos para preparar tu presentación oral y dos minutos para grabarla.

12. En una presentación oral, compara y contrasta las ciudades españolas de Madrid y Toledo.

Fuente No. 1

La capital de la alegría y del contento

Madrid es una ciudad abierta, formada por quienes han llegado a ella de acá o allá, sin importar de dónde, porque en Madrid nadie se siente extraño. Madrid es una ciudad múltiple, con muchas facetas, por eso los castizos hablan de los «Madriles»: el Madrid de los Austrias y el de los Borbones; el goyesco, el romántico y el pintoresco; el popular y el sofisticado; el tradicional y el moderno. Pero, sobre todo, es una ciudad amable y divertida; «la llaman la capital de la alegría y del contento», y la ONU la nominó como Ciudad Mensajera de la Paz. Y alguien tuvo que inventarse una palabra nueva: «la movida», porque es único el bullicio nocturno de Madrid y nadie había acertado o expresarlo. Porque Madrid es mucho Madrid.

VIDA CULTURAL

El panorama cultural madrileño se caracteriza por el gran número de instituciones culturales, públicas y privadas, bancos y cajas de ahorro, universidades y colegios mayores que rivalizan por hacer del movimiento cultural de Madrid una realidad tan densa como dispar. Exposiciones, conciertos y recitales, representaciones teatrales, proyecciones cinematográficas y ciclos de conferencias sobre los temas más diversos se dan cita en la capital. El Ministerio de Cultura y otros en temas específicos (MOPU), la Comunidad de Madrid, el Ayuntamiento, las Universidades Complutense, Autónoma y Politécnica son las entidades públicas. El Centro Cultural de la Villa y el Centro del Conde Duque aportan la participación municipal en la vida cultural.

Museo del Prado

Su núcleo inicial es un edificio neoclásico del XVIII proyectado por Villanueva, que se abrió como Museo Real en 1819 para albergar la colección de pinturas de los Austrias y los Borbones españoles, reunidas durante los siglos XV, XVI y XVII; en 1872 se amplió con los fondos del Museo de la Trinidad, al tiempo que se han ido haciendo nuevas adquisiciones; es el más completo del mundo en pintura española de los siglos XII a XVIII: El Greco, Velázquez, Ribera, Murillo y Goya, y famoso por la excepcional riqueza de otras escuelas: italiana (Fra Angélico, Rafael, Tiziano, Tintoretto y Veronés), flamenca (El Bosco, Van der Weyden, Memling, Rubens), holandesa (Rembrandt), francesa, alemana e inglesa. También guarda el Tesoro del Delfín y escultura clásica, numismática, esmaltes y orfebrería.

PARQUES Y JARDINES DE MADRID

El Parque del Buen Retiro

La capital de España posee admirables parques, y por su historia —se inicia en 1625—, su belleza y su extensión, el Parque del Buen Retiro es el más importante de Madrid. El parterre, con trazado de estilo francés, contrasta con los jardines de estilo inglés; tiene grandes avenidas rodeadas de árboles y espeso boscaje de arbustos. La utilización del parque como recinto de exposiciones le añade dos notables edificios: el Palacio de Velázquez, en el que destaca la fábrica de ladrillos con azulejo de Daniel Zuloaga, y el Palacio de Cristal, una verdadera joya de la arquitectura española del hierro y el cristal; el monumento a Alfonso XII reúne los trabajos de 32 escultores de primer orden, dentro del marco modernista de la obra, frente a la que se encuentra el estanque. El único monumento, quizá del mundo, dedicado al Ángel Caído, y otras muchas estatuas distribuidas en rincones y paseos, los Jardines de Cecilio Rodríguez y La Rosaleda definen la personalidad de este parque, que se puede recorrer en «simón» o coche de caballos.

crédito: «La capital del turismo y la alegría», Sub–dirección de Medios de Promoción. Spanish Tourism.

Fuente No. 2

 CD2 TRACK 18

«Toledo»